The Power of a Praying™ Wife

아내의 기도로 남편을 돕는다

스토미 오마샨 지음

김태곤 옮김

생명의말씀사

THE POWER OF A PRAYING WIFE
by Stormie Omartian

Originally published in the United States by Harvest House
Publishers, Eugene, Oregon 97402.
Copyright ⓒ 1997 by Harvest House Publishers.
All rights reserved.

1999,2002,2009/Korean by Word of Life Press, Seoul, Korea.
Translated and published by permission.
Printed in Korea.

아내의 기도로 남편을 돕는다

ⓒ 생명의말씀사 1999, 2002, 2009

1999년 1월 15일 1판 1쇄 발행
2002년 1월 25일   30쇄 발행
2002년 4월 5일 2판 1쇄 발행
2008년 7월 15일   48쇄 발행
2009년 1월 30일 3판 1쇄 발행
2012년 10월 30일   14쇄 발행

펴낸이 | 김창영
펴낸곳 | 생명의말씀사

등록 | 1962. 1. 10. No.300-1962-1
주소 | 서울 종로구 송월동 32-43(110-101)
전화 | 02)738-6555(본사) · 02)3159-7979(영업)
팩스 | 02)739-3824(본사) · 080-022-8585(영업)

기획편집 | 김정옥, 윤나영
디자인 | 박소정, 박인선, 맹영미
인쇄 | 영진문원
제본 | 정문바인텍

ISBN 978-89-04-15824-9

저작권자의 허락없이 이 책의 일부 또는 전체를
무단 복제, 전재, 발췌하면 저작권법에 의해 처벌을 받습니다.

The Power of a Praying Wife

아내의 기도로 남편을 돕는다

기도하는 나의 아내에게

스토미와의 결혼 생활을 언급할 때마다 으레 하는 농담은 "내게는 참으로 소중한 25년이었고, 아내에게는 비참한 25년이었다."라는 것이다. 스토미와 함께 25년간 살아오면서 나의 까다로운 성격은 모두 드러났다. 아내는 나의 승리, 실패, 갈등, 두려움, 낙심, 그리고 남편과 아버지와 음악가로서의 자질에 대한 나의 회의를 다 보아 왔다. 내가 구하는 대로 응답해 주시지 않는 하나님을 원망하는 모습도 보았고, 또한 잿더미를 황금으로 바꿔 주시는 하나님의 이적도 목격했다.

그 모든 과정마다 아내의 기도가 함께했고, 본서는 수년에 걸친 아내의 체험을 바탕으로 쓰여졌다. 나를 위한 아내의 기도가 없었다면 내 인생이 어떻게 되었을까? 상상도 하기 싫다! 아내의 기도는 내게 위안과 평안을 주며, 서로를 위해 기도하며 서로의 짐을 지라고 하시는 주님의 사명을 완수하도록 도와준다. 남편을 향한 최고의 사랑 표현은 지속적인 기도로 남편을 붙들어 주는 것이라고 생각한다. 남편으로 하여금 하나님의 축복과 은혜를 체험하도록 돕는 것은 너무도 귀중한 선물이다.

스토미, 당신을 사랑해요······.

당신의 기도에 감싸인 행복한 남편, 마이클

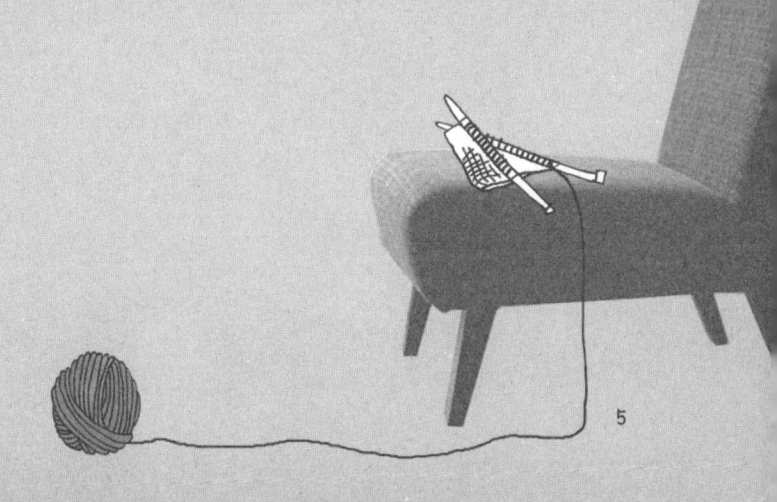

CONTENTS

목차

기도하는 나의 아내에게 _ 4
기도로 남편을 돕는다 _ 9

01 남편의 아내 _ 25

02 남편의 일 _ 55

03 남편의 금전 _ 63

04 남편의 성 _ 69

05 남편의 애정 _ 77

06 남편의 시험 _ 83

07 남편의 마음 _ 89

08 남편의 두려움 _ 95

09 남편의 목적 _ 101

10 남편의 선택 _ 107

11 남편의 건강 _ 111

12 남편의 안전 _ 115

13 남편의 시련 _ 119

14 남편의 성실 _ 125

15 남편의 명성 _ 129

16 남편의 우선 순위 _ 133

17 남편의 인간관계 _ 137

18 남편의 부권 _ 143

19 남편의 과거 _ 149

20 남편의 태도 _ 155

21 남편의 결혼 생활 _ 159

22 남편의 감정 _ 165

23 남편의 걸음 _ 169

24 남편의 말 _ 173

25 남편의 회개 _ 177

26 남편의 구원 _ 181

27 남편의 순종 _ 185

28 남편의 자아상 _ 191

29 남편의 믿음 _ 197

30 남편의 미래 _ 201

누가 현숙한 여인을 찾아 얻겠느냐

그 값은 진주보다 더하니라

그런 자의 남편의 마음은 그를 믿나니

산업이 핍절치 아니하겠으며

그런 자는 살아 있는 동안에

그 남편에게 선을 행하고 악을 행치 아니하느니라

잠언 31:10-12

기도로 남편을 돕는다

우선 기도하는 아내의 능력은 남편을 통제하는 수단이 아니며, 따라서 그런 기대를 가져서는 안 된다는 점을 분명히 강조하고 싶다. 사실은 정반대이다. 그것은 자신의 능력을 내세우려는 마음을 철저히 포기하고, 자신과 남편과 자신이 처한 상황과 결혼 생활을 변화시키기 위해 하나님의 능력에 의지하는 것이다.

이 능력은 말을 듣지 않는 짐승을 때리는 무기 같은 것이 아니다. 이 능력은 자신의 올바름을 드러내기보다는 올바른 행동을 하기를 원하며, 보복하기보다는 활기를 주기 원하는 아내가 얻게 되는 것으로, 회복을 위한 도구이다. 이 능력은 남편의 삶에 하나님의 권능이 임하여 남편이 가장 큰 축복을 얻게 하는 방법이다. 남편의 축복은 궁극적으로 아내인 당신의 것이기도 하다.

마이클과 결혼한 후 의견 차이가 생겼을 때 처음부터 기도해야겠다는 생각을 하지는 않았다. 사실 기도는 맨 나중에 가서야 호소하는 수단이었다. 나는 논쟁, 간청, 무시, 기피, 대항, 논박, 말 안하기 등과 같은 방법들을 먼저 시도했다. 그러나 그 결과는 별로였다. 먼저 기도하면 이 고약한 방법들을 피할 수 있다는 것을 깨닫는 데에는 시간이 좀 걸렸다.

마이클과 나는 결혼한 지 어언 25년이 넘었다. 이것은 기적이나 다름없다. 우리가 대단하다는 말이 아니다. 오직 기도에 응답하시는 하나님의 신실하심을 보여 주는 증거이다. 사실 지금도 나는 먼저 기도하기를 여전히 배우는 중이며, 그렇게 하는 것이 쉽지도 않다. 기도에 앞서 다른 방법들을 사용하는 적이 많지만, 기도의 위대한 능력에 대해서는 주저없이 말할 수 있다.

나는 자녀들을 위해 기도를 시작하기 전까지만 해도 남편을 위해 어떻게 기도해야 하는지 알지 못했다. 자녀들을 위한 기도가 생각지도 못한 방식으로 응답되는 것을 보면서, 남편을 위해 간절히 구체적으로 기도해야겠다고 결심했다. (하지만 자녀들을 위한 기도가 훨씬 더 쉬웠다!)

우리는 뱃속에 자녀가 생겼다는 사실을 알게 된 그 순간부터 아이가 무조건 잘되기를 바란다. 하지만 남편은 다르다. 그렇게 단순하지가

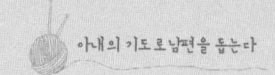

않다. 결혼한 지 얼마 되지 않은 경우에는 특히 그렇다. 남편이 당신의 마음을 상하게 할 수도 있고, 배려하지 않거나, 무관심하거나, 욕설을 퍼붓거나, 짜증나게 하거나, 무시할 수도 있다. 그의 말이나 행동이 당신의 마음을 갈기갈기 찢어놓을 수도 있다. 그를 위해 기도할 때마다 마음의 상처 때문에 너무 괴롭다. 그것을 제거하기 전까지는 하나님이 원하시는 방식대로 기도할 수가 없다.

남편을 위한 기도는 자녀를 위한 기도와 다르다. 당신은 남편의 어머니가 아니기 때문이다. 하나님은 어머니에게 자녀들을 다스릴 권한을 주셨다. 그러나 아내에게 남편을 다스릴 권한은 없다. 하지만 우리에게는 "원수의 모든 능력을 제어할 권세"눅 10:19가 있으며, 우리가 기도할 때 원수의 계획을 타파할 수 있다. 결혼 관계에서 발생하는 갖가지 어려운 일들은 사실 관계를 파괴하고자 하는 원수의 계획이다. 그러나 우리는 "어떤 이유로도 우리의 결혼 관계를 파괴하지 않겠다!"고 선포할 수 있다.

"나는 절대 남편이 기진하거나 낙심하거나 허물어지는 것을 방관하지 않겠다."

"나는 절대 보이지 않는 벽이 우리 사이를 가로막는 동안 가만히 앉아 있지 않겠다."

"나는 절대 혼란, 오해, 그릇된 태도, 나쁜 선택 따위로 인해 우리가 함께 세우고자 하는 것이 허물어지는 것을 허용치 않겠다."

"나는 절대 상처와 용서하지 않는 마음으로 인해 이혼으로 내몰리는 상황을 용납하지 않겠다."

우리는 결혼 관계에 부정적인 영향을 미치는 모든 것들에 대항할 수 있으며, 하나님께서 결혼 관계를 뒷받침하는 권세를 그분의 이름으로 우리에게 주셨음을 알고 있다.

결혼 생활에 보호막을 칠 수 있는 방책이 있다. 예수께서 "진실로 너희에게 이르노니 무엇이든지 니희가 땅에서 매면 하늘에서도 매일 것이요 무엇이든지 땅에서 풀면 하늘에서도 풀리리라"마 18:18고 하셨기 때문이다.

당신은 예수님의 이름으로 악을 끊고 선을 조장할 수 있는 권세를 갖고 있다. 알코올 중독, 일 중독, 게으름, 낙심, 병약, 욕설, 근심, 두려움, 실패 등 그 어떤 것이 당신의 남편을 지배하고 있든지 간에 당신은 그 모든 것을 기도로 하나님께 맡길 수 있으며, 그러한 폐단에서 벗어나게 해주시라고 그를 위해 기도할 수 있다.

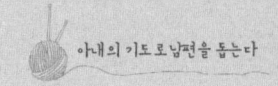

이혼 서류에 도장을 찍기 전에…기다리라!

솔직히 나도 별거나 이혼을 고민했던 적이 있다. 둘 중 어느 것도 문제에 봉착한 결혼 생활에 최선의 해결책이 되지 못한다고 믿기 때문에 사실 그런 생각을 했다는 것이 부끄럽다.

나는 이혼에 대한 하나님의 입장을 믿는다. 그분은 이혼이 옳지 않으며 그분을 근심케 하는 것이라고 말씀하신다. 나는 하나님을 근심케 하는 일을 최대한 억제하기를 원한다. 그러나 옳은 결정을 내리지 못하게 만드는 절망감이 어떤 것인지 잘 안다. 나는 옳은 일을 단념하게 만드는 심각한 좌절을 경험한 적이 있다. 당신의 영혼을 들여다볼 누군가를 갈망하는 괴로운 고독감을 나는 이해한다. 나는 너무도 고통스러운 나머지 즉시 예견할 수 있는 유일한 생존 수단을 찾을 수밖에 없었던 적이 있다. 바로 고뇌의 원천으로부터 벗어나는 것이었다. 나는 또한 미래를 도무지 내다볼 수 없게 하는 절망이 어떤 것인지 알고 있다. 그와 같은 부정적 감정들이 매일 쌓여 갔던 까닭에 별거와 이혼이야말로 정말 괜찮은 구원의 약속인 것 같았다.

결혼 생활에서 나의 가장 큰 문제는 남편의 기질이었다. 남편은 나와 아이들을 화풀이 대상으로 삼았다. 그는 내게 깊은 상처를 남기는 폭언을 퍼부었다. 나에게 잘못이 없다고 말하는 것은 아니다. 오히려 정반대이다. 나 역시 남편만큼이나 비난받아 마땅하다고 생각한다. 그러나 나는 그런 일을 당했을 때 어떻게 해야 할지 몰랐다. 나는 내 남편을 보다 세심하고, 화를 덜 내며, 보다 유쾌하고, 덜 예민하게 해주시라고 정기적인 기도 시간에 하나님께 간구했다. 그러나 변화의 기미는 거의 보이지 않았다. 하나님이 듣지 않으셨을까? 아니면 아내보다 남편을 더 두둔하시는 걸까?

몇 년이 지나도 변화가 거의 없자, 하루는 절망에 빠져 부르짖었다. "하나님, 더 이상 이런 식으로는 살 수 없습니다. 주님이 이혼에 관해 어떻게 말씀하셨는지 알지만, 저는 남편과 더 이상 한 집에서 살 수가 없어요. 주님, 도와주세요!"

나는 성경을 들고 침대에 앉아 아이들을 데리고 떠나버리고 싶은 강한 충동과 더불어 여러 시간 동안 싸웠다. 내 감정을 솔직히 토로하며 하나님께 나아갔기 때문에, 주님은 내가 떠날 경우 내 삶이 어떻게 될 것인지 명료하고도 철저하게 보여 주셨다. 나 자신과 아이들을 내가 어떻게 돌볼 것이며, 이혼이라는 유산이 아이들에게 어떤 영향을 미칠지 보여 주신 것이다. 그것은 정말 끔찍하고 말할 수 없이 서글픈 그림이었다. 남편을 떠난다면 어느 정도 안도감은 느끼겠지만, 소중했던 모든 것을 대가로 지불해야 했다. 별거나 이혼은 우리를 위한 하나님의 계획이 아니었다.

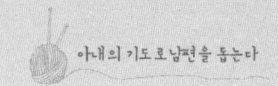

그 자리에서 하나님은 내 마음에 감동을 주셨다.

만일 내가 그분의 보좌 앞에 내 삶을 내려놓고, 떠나고자 하는 충동을 죽이며 필요한 것들을 간구한다면, 그분은 마이클을 위해 기도하는 가운데 어떻게 내 삶을 그분께 내려놓을지 가르쳐 주실 것이다. 또 하나님의 아들인 남편을 위해 진정한 중보 기도를 드리는 법을 알려주실 것이고, 그 과정에서 그분은 우리 결혼 생활을 회복시키시고 우리 부부 모두에게 축복을 부어 주실 것이다.

이렇게만 할 수 있다면 별거하기보다는 함께 있는 편이 더 좋을 것이다. 하나님이 보여 주신 바에 의하면, 마이클은 과거의 망상에 사로잡혀 원치 않는 언행을 드러내는 것이었다. 내가 동의만 한다면, 하나님은 나를 그분의 구원의 도구로 사용하실 것이다. 하나님의 계획에 따라야 한다고 생각하니 고통스러워 눈물까지 나왔다.

하지만 하나님의 계획에 따르기로 마음먹자 처음으로 소망이 느껴졌다. 예전에는 마이클을 위해 기도한 적이 없었지만 이제는 매일 그를 위해 기도하기 시작했다. 기도할 때마다 내 마음의 완악성을 고백해야 했다. 나는 내 마음의 상처가 얼마나 깊은지를 알았고, 그를 용서하고자 하는 마음이 내게 없음을 알았다. 나는 이렇게 생각했다.

남편을 위해 기도하고 싶지 않아. 하나님께 남편을 축복해 주시라고 간구하고 싶은 마음도 없는데 뭐. 그저 하나님이 남편의 마음을 번개 같이 치셔서 그가 얼마나 잔인했는지 확인시켜 주시기만 하면 좋겠어.

나는 거듭거듭 "하나님, 남편을 용서하고 싶지가 않아요. 제발 이 모든 완악함에서 벗어나게 해주세요."라고 기도해야 했다.

조금씩 조금씩 우리 둘 모두에게 변화가 감지되기 시작했다. 마이클이 화를 낼 때 부정적으로 맞서는 대신 그를 위해 기도했다. 그에게 무엇 때문에 화가 났는지 알 수 있는 통찰을 달라고 간구했다. 하나님은 신실하게 응답해 주셨다. 나는 당면한 난관을 잘 풀어 나가기 위해 내가 할 수 있는 일을 알려주시라고 했고, 그분은 그것 또한 보여 주셨다. 남편이 화를 내는 횟수가 줄어들었고, 화를 내도 예전보다 빨리 누그러졌다.

매일의 기도는 무엇인가를 건설적으로 보게 해주었다. 우리가 아직 완전해진 것은 아니지만, 먼 길을 걸어왔다. 쉬운 일은 아니었지만, 하나님의 길은 힘들여 좇을 만한 가치가 있다. 결혼 생활을 구원할 유일한 길이 바로 그것이다.

남편을 위한 아내의 기도는 어느 누구의 심지어 어머니의 기도보다 더 큰 능력이 있다. 자녀를 위한 어머니의 기도도 분명 간절하다. 그러나 남자가 결혼하면 그는 부모를 떠나 아내와 하나가 된다 마 19:5. 그들은 한

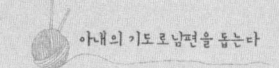

팀이고, 성령 안에서 결합된 한 몸이다. 하나님 안에서 하나 된 부부의 능력은 두 사람 각각의 능력을 합한 것보다 훨씬 크다. 성령께서 그들을 결합시키시고, 그들의 기도에 응답하셔서 보다 큰 능력을 더해 주시기 때문이다.

우리가 남편을 위해 기도하지 않으면 너무나 위험한 것도 바로 그 때문이다. 당신 몸의 오른쪽을 위해 기도하고 왼쪽을 위해서는 기도하지 않는 것을 상상이나 할 수 있는가? 만일 오른쪽이 보호받지 못해 쓰러진다면, 결국 왼쪽도 쓰러지고 말 것이다. 당신과 당신 남편도 마찬가지이다. 만일 당신이 자신을 위해 기도하고 남편을 위해서는 기도하지 않는다면, 원하는 축복과 성취를 얻지 못할 것이다. 남편에게 일어나는 일은 당신에게도 일어나며, 당신은 그것을 피할 수 없다.

이 하나 됨은 우리에게 원수가 좋아하지 않는 능력을 준다. 원수가 우리의 하나 됨을 약화시킬 계책을 꾸미는 것도 바로 그 때문이다. 원수는 낮은 자존감, 교만, 오해, 이기적 욕구에 굴복하는 나약성 등 우리를 무너뜨릴 만한 일이면 무엇이나 도모한다. 그는 당신에게 다음과 같은 거짓말을 할 것이다.

"아무런 변화도 일어나지 않을 거야."
"네 실패는 결코 회복될 수 없어."

"화해의 희망은 전혀 없다고."
"너는 다른 누군가와 결혼하는 것이 더 행복할 거야."

원수는 계속해서 당신을 부추길 것이다. 당신이 이것들을 믿게 할 수만 있다면 당신의 결혼 생활이 파탄날 것을 알고 있기 때문이다. 만일 당신이 이런 거짓말들을 믿는다면, 당신의 마음은 결국 완악해져서 하나님의 진리를 거역할 것이다.

결혼 생활에 실패한 부부들을 보면 한결같이 부부 중 적어도 한 명은 마음이 하나님을 대항해 완악해진 상태이다. 심령이 완악해지면 하나님의 관점에서 보지 못한다. 결혼 생활이 비참해지면, 결혼의 테두리를 벗어나기만 하면 어떤 상황도 현재보다는 나을 것이라는 생각을 갖게 된다. 그러나 기도할 때 우리 마음이 하나님을 향해 순종적으로 되며 비전을 얻게 된다.

기도할 때 소망이 보인다. 하나님이 파괴된 결혼 생활을 모두 회복시키실 것이라는 믿음을 얻게 된다.

"내가 전에 너희에게 보낸 큰 군대 곧 메뚜기와 늣과 황충과 팟종이의 먹은 햇수대로 너희에게 갚아 주리니" 욜 2:25.

우리는 고통, 절망, 완악함, 용서하지 못하는 마음을 제거해 주시는 하나님께 의뢰할 수 있다. 또 가장 절망적인 상황에서도 사랑과 생기

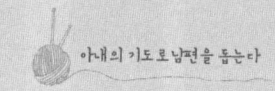

를 회복시켜 주시는 하나님의 권능을 바라볼 수 있다.

예수님이 십자가에 못 박히신 다음날 아침 무덤을 찾아간 막달라 마리아가 그분이 하나님의 권능으로 부활하셨다는 사실을 알게 되었을 때 그 기쁨이 어느 정도였겠는가? 죽어 버린 줄 알았던 그 무엇이 다시 살아난 기쁨이야말로 가장 가슴 벅찬 기쁨일 것이다. 예수님을 부활케 하셨던 권능은 죽음과 같은 당신의 결혼 생활 역시 되살릴 수 있다.

> 하나님이 주를 다시 살리셨고 또한 그의 권능으로 우리를 다시 살리시리라 고전 6:14

그렇게 하실 수 있는 능력이 바로 하나님의 권능이다. 하지만 하나님께 솔직한 기도를 통해 부정적 요소들을 제거하고 어려운 시기를 통해 성장하고자 하며 또한 사랑의 회복을 고대할 때 비로소 그런 역사가 일어난다. 기쁨에 이르기 위해서는 고통을 통과해야 한다.

당신은 결혼 생활을 회복시키기 위해 당신이 할 수 있는 모든 노력을 다 해볼 것인지 결정해야 한다.

고통, 무관심, 이기심으로 훼손된 부분들이 다시 회복될 수 있다는 믿음을 가져야 한다. 학대, 자녀의 죽음, 배신, 가난, 손실, 심각한 질병, 사고 등과 같은 극한 고통들을 극복할 수 있다는 믿음을 가져야 한다. 일 중독, 알코올 중독, 마약 중독, 낙심 따위와 같이 당신 부부를 좀먹는 모든 것이 제거될 수 있다는 확신을 가져야 한다. 마치 도둑처럼 슬그머니 침투해 밝히 드러나기 전까지는 감지되지 않을 정도인 모든 폐단들, 곧 당신의 경력이나 꿈, 자녀들이나 당신의 이기적 욕망 따위를 우상으로 삼는 일 등이 제거될 수 있음을 깨달아야 한다. 또한 하나님이 이 모든 일을 능히 이루시고도 남을 정도로 위대하심을 믿어야 한다.

어느 날 아침 눈을 떴을 때 침대에 함께 누운 낯선 사람이 바로 남편이라면, 당신 부부가 서로의 삶에서 말없이 물러나 감정적 교류가 일절 단절되었다면, 사랑과 소망이 고갈되는 것을 느낀다면, 부부 관계가 무저갱 같은 상처와 분노에 빠져 매일 더욱더 깊은 낙심에 사로잡힌다면, 입에서 나오는 말마다 부부간의 골을 더욱 깊게 해 마침내 도저히 뚫을 수 없는 벽이 형성된다면, 이 모든 상황들은 결코 하나님이 원하시는 결혼 생활이 아니다.

하나님의 뜻은 이 모든 장벽들을 제거하고 당신을 그 구덩이에서 건져 올리시는 것이다. 그분은 그 상처들을 치유하실 수 있고, 당신의 마음속에 다시 사랑을 채우실 수 있다. 다른 누구도, 그 무엇도 그렇게 하지 못한다. 하지만 당신은 이렇게 기도해야 한다.

주님, 이 다툼이 끝나고 우리의 상혼이 아물게 해주시기를 간구합니다.

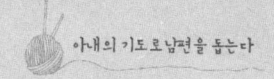

우리가 스스로를 방어하기 위해 입었던 갑주와 상처를 벗겨 주소서. 용서하지 못하는 완악한 구덩이에서 우리를 건져 올려 주소서. 우리의 말이 주님의 사랑과 평화와 화해를 드러내게 하소서. 우리 사이를 막고 있는 벽을 허무는 법을 가르쳐 주소서. 이 무기력한 상태에서 일어나 주님이 베푸시는 치유와 강건함을 향해 나아갈 수 있게 해주소서.

이혼 서류에 성급하게 도장을 찍지 말라. 남편을 새로워지게 해주시라고 하나님께 간구하라. 그분은 남편을 그리스도 안에서 새로운 피조물로 만드실 수 있다. 부부는 서로 싸우거나, 감정적으로 단절되거나, 무덤 같은 결혼 생활을 하거나, 비참해지거나, 이혼하도록 운명 지워진 존재들이 아니다. 우리는 하나님의 권능에 의지할 수 있다. 결혼 생활을 운에 맡겨서는 안 된다. 우리는 포기하지 않고 결혼 생활을 위해 기도해야 한다. 기도하는 한 소망이 있기 때문이다. 하나님께 절망이란 없다.

나 역시 기도가 필요하다

당신이 남편을 위해 기도하는 것처럼 남편도 당신을 위해 항상 기도하지 않을까? 그렇다면 정말 근사한 일이지만, 너무 기대하지는 말라. 남편을 위한 기도는 비이기적이고 무조건적인 사랑과 희생의 행위이다. 남편이 당신을 위해 결코 기도하지 않을지라도 기꺼이 그를 위해 기도해야 한다.

당신은 남편에게 기도해 달라고 청하거나 그가 당신을 위해 기도하게 해주시라고 하나님께 간구할 수는 있지만, 그에게 당연한 것처럼 기도를 요구하지는 못한다. 그가 기도하거나 하지 않는 것은 당신의 일이 아니라 하나님의 일이다. 따라서 그를 그 의무에 속박시키려 들지 말라. 만일 남편이 당신을 위해 기도하지 않는다면 그것은 당신의 손실 이상으로 그의 손실이다. 당신의 행복과 성취는 남편의 기도 여부에 달린 것이 아니라 당신 자신과 주님과의 관계에 달려 있다.

물론 아내들도 기도가 필요하다. 하지만 우리는 자신을 위해 기도해 줄 사람이 오직 남편뿐이라고 생각해서는 안 된다. 사실, 남편을 헌신적인 기도 동반자로 여기는 경우에는 당신과 남편 모두에게 실패와 낙심을 안겨다 줄 수 있다.

내가 배운 바에 의하면, 결혼 생활을 위한 최선책은 여자 교우들을 기도 파트너로 삼는 것이다. 만일 당신이 철저히 신뢰하고 속마음을 털어놓을 수 있는 신앙심 두터운 여성이 둘 이상 있다면 매주 함께 기도할 시간을 정하라. 그렇게 하면 당신의 삶이 변화될 것이다. 그렇다고 남편에 관한 모든 것을 기도 파트너에게 말하거나 남편의 세부적인 사생활까지 드러낼 필요는 없다. 다만 당신의 마음을 올바르게 해주시며, 좋은 아내가 되는 법을 알려주시고, 당신의 영혼의 짐을 나누게 하시며, 남편을 축복해 주시라고 하나님께 간구드리는 데 목적이 있다.

물론, 심각한 결과를 초래할 수 있는 문제에 직면해 비밀을 나눌 수 있을 정도로 기도 파트너들을 신뢰한다면 최대한 그 문제를 함께 나누라. 너무 자존심이 강하거나 두려워한 나머지 기도해 줄 수 있는 사람과 문제를 나누지 않아 별거나 이혼으로 끝나고 마는 결혼 생활을 많이 보았다. 그들은 허세만 부리다 어느 날 갑자기 파경을 맞았다.

당신이 기도 파트너들과 함께 나누는 일들이 비밀임을 분명히 주지시키라. 하지만 문제를 다른 사람들과 나누기를 주저한다고 해서 결혼 관계를 섣불리 포기하지는 말라. 만일 기도 파트너가 비밀을 잘 지킬 수 없다면, 더 지혜롭고 분별 있고 영적으로 성숙한 다른 사람을 찾아보라.

설령 기도 파트너나 기도해 주는 남편이 없다 해도, 간절히 기도하는 가운데 당신은 놀라운 일이 일어나고 있음을 알게 될 것이다. 당신의 기도가 응답되기도 전에 하나님의 축복이 임할 것이다. 그것은 단지 당신이 기도하고 있다는 사실 그 자체 때문에 당신에게 임할 것이다. 당신이 하나님께 기도드리는 시간을 할애해야 하는 것도 바로 그 때문이다. 기도할 때 지속적인 모든 변화들이 일어나기 시작한다.

한번에 한 가지 기도를 드리라

남편을 위해 기도할 것들이 너무 많다고 당황하지 말라. 그 모든 것을 한 날에, 한 주에, 한 달에 다 구할 필요는 없다. 본서를 지침으로 삼아 성령의 인도하심에 따라 기도하라. 힘든 문제에 직면해 강력한 돌파구가 필요하다면 금식이 큰 힘이 될 것이다. 또한 구체적으로 성경말씀을 들어 남편을 위해 기도할 때 보다 강력한 효과가 나타난다.

무엇보다도 조급해하지 않도록 주의하라. 기도 응답을 받기까지는 시간이 걸린다. 결혼 생활이 깊은 상처를 입었을 경우에는 더욱 그러하다. 끈기 있게 참으며 하나님의 치유를 기다리라. 당신과 남편 모두가 불완전한 인생임을 기억하라. 오직 주님만이 완전하시다. 당신의 결혼 생활에서 일어나기를 바라는 모든 일들의 원천이신 하나님을 바라보며, 그 일들이 어떻게 일어날 것인지 염려하지 말라. 응답은 하나님이 하시는 일이다. 그분의 손에 맡기라.

Chapter 01

남편의 아내

남편에 관해 하나님께 아뢰는 것은 사랑의 행위이다. 기도는 사랑을 일으키고, 사랑은 더욱 기도하게 하며, 그것은 다시 더 큰 사랑을 불러일으킨다. 비록 부부가 함께 기도하지 않더라도, 당신의 기도는 일체감을 가져다 줄 것이다.

기도하는 아내가 되기 어려운 이유는, 시간을 할애해야 함은 물론, 순수한 마음을 유지해야 하기 때문이다. 좋은 결과를 얻기 위해서는 하나님 앞에서 마음이 깨끗해야 한다. 남편을 위한 기도가 아내를 위한 기도로 시작되어야 하는 것도 바로 그 때문이다.

원망, 화, 용서하지 않는 마음, 불경건한 태도 등을 갖고 있다면 설령 그만한 이유가 있다 하더라도 응답받기 힘들다. 반면 그런 감정들을 솔직하게 하나님께 내어놓고 기도한다면 그보다 더 극적으로 결혼 생활을 변화시킬 수 있는 방법은 없다.

때로는 아내들 스스로가 기도를 훼방한다. 올바른 마음으로 기도하지 않기 때문이다. 내가 그 사실을 이해하기까지는 시간이 걸렸다.

내가 좋아하는 기도

결혼 초부터 지금까지 남편을 위해 규칙적으로 기도해 왔다고 말할

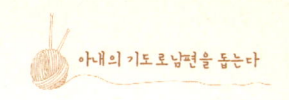

수 있으면 좋겠지만 사실은 그렇지 못했다. 적어도 이 책에서 제시하고 있는 기도는 드리지 못했다. 물론 나도 기도를 드렸다. "주님, 남편을 지켜 주소서." 그것은 곧 "우리의 결혼 생활을 구해 주소서."라는 기도였다. 하지만 내가 가장 많이 드렸던 기도는 이것이다.

주님, 남편을 변화시켜 주소서!

결혼 당시 나는 새 신자로서 속박과 잘못된 삶에서 막 벗어나고 있었으며, 구원과 회복을 베푸시는 하나님의 권능에 관해 많은 것을 배워야 했다. 나는 완벽에 가까운 남자와 결혼했다고 생각했으며, 그의 완벽하지 못한 부분까지도 이쁘게 보였다. 그러나 시간이 지나면서 이쁘다고 생각했던 부분이 비위에 거슬렸고, 완벽하다고 여긴 부분은 완벽주의를 부추겼다. 나는 남편과 관련해 나를 가장 짜증스럽게 만드는 것이 변화되면 모든 것이 좋아질 거라고 생각했다.
남편이 결코 나를 닮고 싶어하지 않는다는 사실을 깨닫는 데에는 여러 해가 걸렸다. 내가 어떤 방식으로든 그를 변화시킬 수 없다는 사실을 이해하는 데에도 또 여러 해가 걸렸다.
사실, 하나님께 나아가 나를 괴롭혔던 것들을 솔직하게 내어놓기 시작했을 때에야 비로소 변화가 보이기 시작했다. 그 변화는 내가 생각했던 것과는 다른 방식으로 나타났다. 하나님은 기도하는 내게 먼저 역사하셨다. 내가 먼저 변화되기 시작했다. 하나님이 남편 마이클에게 역사하시기 전에 먼저 내 마음이 부드럽고 겸손하며 낮아지고 새로워져야 했다. 나는 내 관점이 아니라 하나님의 관점으로 보는 법을 배워야 했다.

나는 먼저 내 마음을 살피지 않고서는 남편을 위해 진실한 기도를 드릴 수 없다는 사실을 점차 깨달았다. 만일 내가 용서하지 못하는 마음이나 반감 혹은 원망을 품고 있다면 하나님께 나아가 기도 응답을 기대할 수가 없다. 먼저 하나님이 좋아하시는 기도("주님, 저를 변화시켜 주소서!")를 드려야 한다는 사실을 영혼 깊은 곳에서 깨닫고 나서야 내가 좋아하는 기도("주님, 남편을 변화시켜 주소서!")를 드릴 수 있었다.

누가 먼저 변화되어야 하는가

남편을 위해 기도할 때, 특히 그를 변화시키려는 소망에서 기도할 때 당신은 당연히 어떤 변화를 기대할 것이다. 하지만 처음부터 남편에게서 변화가 보이지는 않을 것이다. 변화는 먼저 당신 안에서 나타날 것이다. 이 사실로 인해 당신도 나처럼 견딜 수 없게 될 때 "변화가 필요한 사람은 제가 아니라고요!"라고 항변할 것이다.

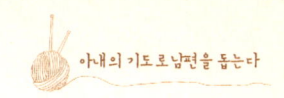

그러나 하나님은 우리가 보지 못하는 것을 보신다. 그분은 우리에게 개선의 여지가 있음을 알고 계신다. 그분의 완벽한 뜻에서 벗어나 있는 우리의 태도와 습관들을 잘 알고 계신다. 그분은 우리 마음으로 죄를 짓지 말 것을 요구하신다. 죄가 우리를 그분에게서 분리시키며 기도 응답을 받지 못하게 하기 때문이다. "내가 내 마음에 죄악을 품으면 주께서 듣지 아니하시리라" 시 66:18.

남편이 냉정함, 무시, 무관심, 무책임, 부정(不貞), 방관, 잔인함, 욕설 등과 같은 죄악으로 당신을 괴롭힐 때는 앞에 언급된 요구 사항들을 만족시키기가 한층 더 힘들다. 그러나 하나님은 용서하지 않는 마음, 분노, 증오, 자기 연민, 무정함, 보복 따위도 다른 어떤 죄악들에 뒤지지 않을 정도로 나쁘게 보신다. 그 죄악들을 고백하고, 하나님께로 말미암지 않은 모든 것들로부터 당신을 자유롭게 해주시라고 간구하라. 당신이 남편에게 줄 수 있는 가장 큰 선물 중 하나는 바로 당신 자신의 온전함이며, 그를 변화시키기 위한 가장 효과적인 도구는 당신 자신의 변화이다.

걱정하지 말라. 나 역시 이 모든 것들과 씨름했다. 사실, 남편과 내가 난관에 봉착할 때마다 나는 하나님과 이런 대화를 나누었다.

"주님, 남편이 어떤 식인지 아십니까?"

"너 자신은 어떤 식인지 아느냐?"

"주님, 제가 변화되어야 한다는 말씀인가요? 하지만 변화가 필요한 사람은 남편이라고요!"

"중요한 것은 누가 변화가 필요하느냐가 아니라 누가 기꺼이 변화되고자 하느냐이다."

"하지만 하나님, 이건 공정하지 않습니다."

"나는 인생을 가리켜 공정하다고 말한 적이 없다. 공정한 이는 오직 나뿐이다."

"그렇지만 제가……."

"누군가가 기꺼이 시작해야 한다."

"그러니……."

"결혼 생활을 지키는 것을 얼마나 중요하게 생각하느냐?"

"매우 중요합니다. 파경은 도저히 받아들일 수 없습니다."

"그렇다면 내 방식대로 하겠다. 너를 변화시키는 일부터 시작하자."

"남편이 저를 위해 기도하지 않는데도 그를 위해 기도해야 하나요?"

"그렇고 말고."

"하지만 그건……알겠습니다. 복종하겠습니다. 고통스럽겠지만 주님의 말씀을 따르겠습니다. 휴, 제가 이렇게 말하고 있다는 걸 믿을 수가 없지만……주님, 저를 변화시켜 주소서!"

고통스럽다고? 그렇다! 자기 자신에 대해 죽는 것은 항상 고통스럽

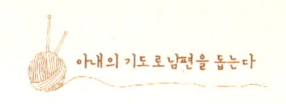

다. 다른 사람이 당신보다 더 변해야 한다고 당신이 확신할 때에는 특히 그러하다. 하지만 이 고통은 우리를 생명으로 인도한다. 다른 선택을 해도 고통스럽기는 마찬가지이며, 그것은 궁극적으로 꿈, 관계, 결혼 생활, 나아가 가족의 파멸을 초래할 뿐이다.

하나님은 죽음같이 참담한 결혼 생활을 회복시키실 수 있다. 하지만 우리가 먼저 그분 앞에서 겸손해지며 그분의 방식대로 용서와 사랑의 삶을 살고자 해야 한다. 그러기 위해서는 과거와, 과거와 결부된 모든 상처를 잊고 자신의 주장을 기꺼이 포기해야 한다.

당신이 인격이나 감정이나 자신의 생각마저 상실한 사람이 되어야 한다거나, 남편의 변덕스러운 핍박 대상이 되어야 한다는 뜻이 아니다. 하나님은 그런 것을 요구하시지 않는다. (만일 당신이 육체적으로나 감정적으로 위기에 처한다면 곧장 안전한 곳으로 피해 도움을 청하라. 당신 남편이 필요한 권면을 듣는 동안 당신은 안전한 곳에서 기도할 수 있다.)

순종이란 억지로 하는 것이 아니라 기꺼이 행하는 것이다. 예수님은 "나를 위하여 자기 목숨을 잃는 자는 얻으리라"마 10:39고 하셨다. 하지만 목숨을 내어놓는 것은 자발적으로 할 일이지 강요로 될 일이 아니다. 내가 말하는 것은, "주께서 원하시는 것이 무엇이든 제가 하겠습니다."라는 식의 태도를 가져야 한다는 뜻이다. 곧 자신에 대해 기꺼이 죽고, "주님, 저를 변화시켜 주소서!"라고 해야 한다.

궁극적인 사랑의 언어

다른 사람을 위해 기도할 때 우리 마음속에 놀라운 일이 벌어진다. 완고함이 녹는다. 상처를 극복하고 용서할 수 있게 된다. 심지어 기도하는 대상을 사랑하게 된다! 그런 기적이 일어나는 것은, 기도할 때 하나님의 임재 속으로 들어가게 되고, 그분이 사랑의 성령으로 우리를 채우시기 때문이다.

남편을 위해 기도할 때 하나님의 사랑이 그를 위하는 당신의 마음속에서 자란다. 그뿐만 아니라 (심지어 그가 당신이 기도하고 있음을 알지 못함에도 불구하고) 남편의 마음속에도 당신을 위한 사랑이 자란다! 그것은 기도가 궁극적인 사랑의 언어이기 때문이다. 기도는 우리가 할 수 없는 방법으로 교통한다. 내가 아는 어떤 여성들은 남편에 대한 사랑이 전혀 없었지만 거듭 기도하는 중에 남편을 사랑하게 되었다. 때로는 단 한번 열렬한 기도를 드린 후에 변화를 느낀 이들도 있었다.

남편을 위해 하나님께 아뢰는 것은 사랑의 행위이다. 기도는 사랑을 일으키고, 사랑은 더욱 기도하게 하며, 그것은 다시 더 큰 사랑을 불러일으킨다. 기도가 계속되면서 당신의 동기는 더욱 비이기적이게 될 것이며, 점점 남편을 향한 사랑이 넘쳐날 것이다. 예전에는 다툼을 야기시켰던 문제들이 더 이상 문제가 되지 않는다. 이제는 다투지 않고 의견을 일치시킬 수 있다. 이 같은 일체감은 너무도 소중하다.

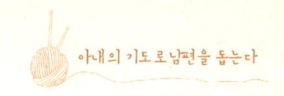

우리가 하나 되지 않을 때에는 모든 것이 따로 따로다. 예수님은 "스스로 분쟁하는 나라마다 황폐하여질 것이요 스스로 분쟁하는 동네나 집마다 서지 못하리라"마 12:25고 하셨다. 비록 남편이 함께 기도하지 않더라도 당신의 기도는 부부 사이에 일체감을 가져다 줄 것이다.

나는 단지 남편을 위해 기도함으로써 부부 사이의 심각한 긴장이 해소되는 것을 경험했다. "당신을 위해 무엇을 기도해 줄까요?" 하고 남편에게 물을 때 사랑과 배려가 그에게 전달된다. 남편들은 다른 말에 대해서는 대꾸도 하지 않을 상황에서도 그 질문에 대해서는 대개 정색을 하고 상세히 대답할 것이다. 심지어 믿지 않는 남편들도 적극적으로 대답하는 경우가 더러 있다.

요점은 우리가 남편과 아내로서 각자 다른 길로 가기를 원치 않는다는 것이다. 우리는 같은 길을 함께 가기 원한다. 서로를 깊이 아끼며 평생 동반자로서 사랑하기 원한다. 궁극적 사랑의 언어인 기도가 그것을 가능케 한다.

남편이 싫은데도 기도할 수 있을까

남편에게 너무도 분개해서 최후의 수단으로 기도에 의지하지는 않았는가? 나도 그랬다. 화가 났을 때나 남편이 상처를 입혔을 때 그를 위해 기도하기란 쉽지 않다. 그러나 하나님은 우리가 그렇게 하기를 원하신다. 그분은 원수를 위해 기도하라고 하신다. 그렇다면 한 몸이 되어 사랑해야 할 사람을 위해서는 더욱 기도해야 하지 않겠는가? 하지만 어떻게 해야 용서하지 않는 마음과 비판적인 태도를 버릴 수 있을까?

우선 하나님께 철저히 솔직해져야 한다. 마음속의 벽을 무너뜨리고 교통을 막는 장벽들을 부수기 위해서는 자신의 감정을 주님께 솔직하게 드러내야 한다. 그분께 그럴싸하게 보이려고 감정을 포장해서는 안 된다. 그분은 이미 다 알고 계신다. 다만 우리가 기꺼이 그것을 시인하는지, 그것이 그분께 불순종하는 것임을 고백하는지를 보고 싶어하신다. 우리가 그렇게 하면, 그분이 우리의 심령에 역사하실 수 있다.

남편에게 분노하고 있다면 하나님께 고하라. 그것을 방치해 영혼의 암세포가 되게 하지 말라. "나는 내 인생을 살고 그는 그의 인생을 살면 그뿐이야."라고 하지 말라. 부부가 따로따로 행동할 때에는 응분의 대가가 따른다. "주 안에는 남자 없이 여자만 있지 않고 여자 없이 남자만 있지 아니하니라"고전 11:11. 대신 이렇게 기도하라.

주님, 제 속에는 남편을 위해 기도할 마음이 전혀 없습니다. 남편에 대한 분노, 상심, 용서하지 못하는 마음, 낙심, 분개, 완악한 마음을 솔직

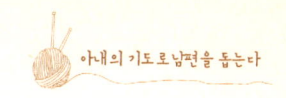

히 고백합니다. 저를 용서하시고 정한 마음과 주님 앞에 의로운 영을 제 속에 창조하여 주소서. 새롭고 적극적이며 기쁘고 사랑하며 용서하는 자세를 갖게 해주소서.

남편이 잘못된 부분을 분명히 깨닫기를 원합니다. 그를 회개의 길로 인도해 주소서. 제가 용서하지 못하는 마음 때문에 감정적, 정신적, 육체적으로 그에게서 멀어지지 않도록 도와주소서. 우리 중 한편이 상대에게 용서를 구할 필요가 있을 경우에는 그렇게 하도록 도와주소서. 오해와 잘못된 의사 소통의 원인이 되었던 것은 모조리 제거하여 주소서. 우리 중 누구에게든 변화가 필요하다면 그 변화가 일어나기를 기도합니다. 저는 남편에게 화내는 것을 정당하다고 생각하는 것만큼이나 주님이 원하시는 대로 따르기를 원합니다. 이 모든 감정들을 주님께 내어놓습니다. 남편에 대한 새로운 사랑을, 그리고 이 상황을 치유할 수 있는 지혜로운 말을 주소서.

만일 당신이 할 수 있다고 느낀다면, 이 작은 실험을 시도해 무슨 일이 일어나는지 보라. 당신의 마음이 남편을 향해 부드러워지고 있지는 않은지 살피라. 당신을 향한 그의 태도에 변화가 없는지 주목해 보라. 둘의 관계가 보다 순탄하게 흘러가고 있지 않은가 살펴보라.

이 같은 기도를 드리기 힘들다면, 주님의 관점에서 생각해 보라. 남편을 하나님의 시각으로, 단지 당신의 남편으로서가 아니라 하나님이 사랑하시는 그분의 자녀로서 바라본다면 새로운 사실을 발견할 수 있을 것이다. 만일 누군가가 자기 아들을 위해 기도해 달라고 요청한다면 당신은 기도해 주지 않겠는가? 하나님이 바로 그렇게 요청하고 계신다.

침묵하며 기도하라

성경은 매사에 때가 있다고 말한다. 그 무엇보다 결혼 생활에 있어서, 특히 말과 관련해 그러하다. 말할 때가 있고 말하지 않을 때가 있다. 이 두 경우를 분별할 줄 아는 아내를 둔 남편은 행복하다. 결혼한 지 어느 정도 된 사람은 누구나 말없이 가만히 있는 편이 더 나을 때가 있음을 안다. 아내는 남편에게 다른 누구보다도 더 깊은 상처를 줄 수 있으며, 남편 역시 아내에게 그럴 수 있다. 아무리 사과해도 한 번 내뱉은 말은 지워지지 않는다. 용서받을 수도 있겠지만, 그 용서가 늘 쉽지는 않다. 때로 우리 입에서 나오는 말이 하나님이 원하시는 일을 막아 버린다. 그런 경우에는 입을 다물고 기도하는 것이 최선이다.

신혼 초에는 뭔가 잘못되었다고 느끼면 내 감정을 묻어 두었다. 그런데 첫 아이가 태어나면서 점차 말이 많아졌다. 내 반대가 거세질수록 남편은 더욱 반발했고, 다투는 횟수도 늘어갔다. 무슨 말을 해도 내가 원하는 대로 되기는커녕 역효과만 났다.

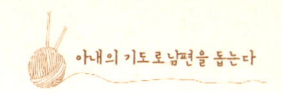

수많은 여성들이 오랜 세월에 걸쳐 배워 온 것을 터득하는 데 나 역시 여러 해가 걸렸다. 바로 잔소리는 효과가 없다는 것이다. 비판도 효과가 없다. 때로는 터놓고 이야기해도 아무 효과가 없다. 항상 능력을 발휘하는 것은 오직 기도뿐이다. 기도하기 위해서는 하나님께 나아가야 한다는 점을 명심해야 한다. 다시 말해 나쁜 태도나 그릇된 생각 혹은 옳지 못한 동기로 기도해서는 안 된다는 뜻이다. 하나님은 당신의 인격 속에서 그분의 뜻에 대항하는 것들을 드러내신다.

남편은 원치 않는 일은 하지 않을 것이다. 그런데 그가 그 일을 하지 않으면 가족이 고통을 겪을 것이다. 그래서 나는 남편이 그 일을 하기를 바란다. 그렇다면 남편에게 부탁하기 전에 내 마음속에 하나님의 평화가 임할 때까지 먼저 기도드려야 한다. 때로는 하나님이 내 마음을 변화시키시거나 다른 방법을 보여 주시는 까닭에 내가 아무 말도 하지 않게 되는 경우도 있다. 무엇인가 말할 필요를 느낄 때 나는 불쑥 말해 버리지 않는다. 먼저 하나님의 인도를 구하는 기도를 드린다.

그러나 이 사실을 깨닫기까지는 오랜 시간이 걸렸다. 어느 날 "다투며 성내는 여인과 함께 사는 것보다 광야에서 혼자 사는 것이 나으니라"잠 21:19는 성경 말씀을 읽는 순간 그 사실을 이해하게 되었다. 무슨 이유에서인지 그 말씀이 정신을 번쩍 들게 했다. 하지만 여전히 의문이 남았다.

"하지만 주님, '면책은 숨은 사랑보다 나으니라' 잠 27:5 는 말씀도 있잖아요. 아내가 남편에게 잘못된 점을 말해 주어야 하지 않나요?"

주님은 이렇게 답하셨다.

"천하에 범사가 기한이 있고 모든 목적이 이룰 때가 있나니……잠잠할 때가 있고 말할 때가 있다 전 3:1, 7. 문제는 네가 잠잠할 때와 말할 때를 알지 못한다는 데 있다. 또한 너는 사랑으로 그렇게 하는 법도 알지 못한다."

"알겠습니다, 주님. 제게 말해야 할 때와 잠잠히 기도해야 할 때를 보여 주소서."

첫 번째 기회가 곧 찾아왔다. 우리 집에서 매주 여성 교우들이 모여 기도하는 모임을 시작했다. 삶을 변화시킬 만한 모임이었기에 남편에게도 비슷한 모임을 시작해 보라고 권했다. 하지만 그는 별로 달갑지 않은 듯 시간이 없다고 했다.

기도 모임을 권하면 권할수록 마이클은 더욱 짜증을 냈다. "잠잠하고 기도하라"는 지시를 하나님께 받은 후 나는 그렇게 해보기로 결심했다. 남편에게 기도 모임 권하는 것을 멈추고 기도를 시작한 것이다. 함께 기도하는 교우들에게도 기도를 부탁했다.

그렇게 기도한 지 2년 여가 지난 어느 날, 마이클이 갑자기 매주 기도 모임을 시작했노라고 했다. 그 모임은 지금도 계속되고 있는데, 남편은

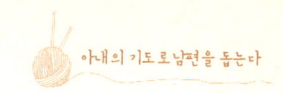

아직도 내가 기도한 것을 모른다. 기대했던 것보다 훨씬 더 시간이 걸렸지만 어쨌든 응답되었다. 기다리는 동안 내 마음이 평안했는데, 만일 내가 잠잠하지 않았다면 그런 평안을 얻지 못했을 것이다.

성경에 나오는 에스더 왕후는 매우 중요한 문제를 들고 남편인 왕에게 나아가기 전에 기도하고 금식하면서 하나님의 때를 모색했다. 엄청난 위기에 직면해 있었고, 그녀는 그것을 알고 있었다. 그녀는 곧장 남편에게 달려가 "폭력배들이 우리 생명을 멸하려 합니다!" 하고 소리지르지 않았다. 오히려 먼저 기도한 후에 하나님이 왕의 마음을 준비시키시는 동안 사랑으로 남편을 섬겼다.

우리가 간구하면 여호와께서는 항상 할 말을 알려주실 것이며 언제 말해야 할 것인지도 가르쳐 주실 것이다. 타이밍이 가장 중요하다.

말로 깊은 상처를 입혀 놓고 "단지 솔직하게 말했을 뿐"이라고 변명하는 사람들이 있다. 하지만 성경은 "어리석은 자는 그 노를 다 드러내어도 지혜로운 자는 그 노를 억제하느니라" 잠 29:11 고 말한다. 다시 말해서 감정과 생각을 다 드러내는 것은 어리석다는 뜻이다.

정직하다는 것이 무슨 말을 하든 철저히 솔직하기만 하면 된다는 뜻은 아니다. 솔직한 말이 상처를 입히기도 한다. 성공적인 결혼 생활을 위해서는 솔직함이 요구되지만, 남편에게 해가 되는 말까지 모조리 내뱉는 것은 지각 없는 행동일 뿐만 아니라, 그렇게 해서는 진실을 온전히 전달하지도 못한다. 온전한 진실은 하나님의 관점에서 비롯되는 것이며, 그분은 당신 남편의 행동에 달리 대응하실 것이다. 우리의 목표는 남편이 우리의 바람대로 하게 만드는 것이 아니라, 그를 하나님께 맡겨 하나님이 원하시는 대로 그가 행하게 하는 것이다.

진정 옳고 그른 것이 무엇인지 주의 깊게 분간하라. 확연히 구별되지 않는다면 개인적인 선택을 보류하라. 혹은 당면한 문제들을 놓고 기도하며 주님의 인도하심에 따라 조용히 논의하라.

너는 하나님 앞에서 함부로 입을 열지 말며 급한 마음으로 말을 내지 말라 하나님은 하늘에 계시고 너는 땅에 있음이니라 그런즉 마땅히 말을 적게 할 것이라 전 5:2

단지 경청만 하고 조언을 하지 말아야 할 때가 있고, 지지만 하고 건설적인 비판을 하지 말아야 할 때가 있다.

남편에게 도무지 진실을 알려주지 않는 소극적인 아내가 되라는 것이 아니다. 특히 진실을 이야기해서 남편에게 큰 유익이 될 경우에는 온갖 수단을 다 동원해 당신의 생각과 감정을 분명하게 피력해야 한다. 하지만 일단 남편이 들은 후에는, 계속 압박해서 언쟁과 다툼을 유발하는 지경에 이르게 하지 말라.

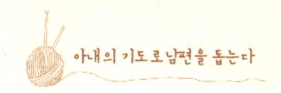

만일 듣기 싫어할 말을 해야 한다면, 남편이 가장 귀 기울일 수 있는 때가 언제인지 가르쳐 주시라고 하나님께 구하라. 또한 적합한 말을 알려주시라고, 남편의 마음을 온전히 열어 주시라고 기도드리라. 만일 남편의 자유를 통제하는 몇 마디를 꼭 하고 싶은 상황이라면 그렇게 하기가 더욱 힘들 것이다. 하나님께 먼저 들려드리고 성령님이 그 말을 점검하실 수 있게 하는 것이 최선책이다. 대화가 일절 끊어지고, 말할 때마다 고통이 더 심해질 때는 특히 그러하다.

나는 좀더 일찍 말하기 전에 기도하는 것을 배웠더라면 얼마나 좋았을까 생각하곤 한다. 내 말이 남편의 반감을 사 결국 폭언을 초래하는 경우가 너무 잦았다. 우리 부부는 둘 다 그 점을 후회한다. 나로서는 늘 남편의 최선의 유익을 위한 것이었지만, 그는 내 제안을 압박으로 받아들였다. 그 제안은 하나님께로부터 남편에게 전해져야 했다.

육신보다 하나님의 권능에 의지해 살아갈 때 말에 힘을 싣고자 애쓸 필요가 없다. "하나님의 나라는 말에 있지 아니하고 오직 능력에 있음이라" 고전 4:20. 중요한 것은 우리 입에서 나오는 말이 아니라 그 말을 통해 역사하시는 하나님의 권능이다. 말하기 전에 먼저 기도할 때 자신의 말이 얼마나 큰 능력을 발휘하는지를 보면 정말 놀랄 것이다. 잠잠히 하나님께서 역사하시게 할 때 어떤 일이 일어나는지 알면 더욱 놀랄 것이다.

그리스도인이든 아니든

남편이 불신자라면, 아무 반응도 보이지 않는 그에게 주님에 관해 계속 이야기해 본들 별 소용이 없다는 것을 이미 잘 알고 있을 것이다. 그렇다고 남편에게 아무 말도 해서는 안 된다는 뜻이 아니다. 당신의 말에 남편이 전혀 관심이 없거나 짜증만 낸다면 다음 단계는 잠잠히 기도해야 한다. 성경은 아내가 아무 말도 하지 않고서도 남편을 이길 수 있다고 말한다. 행동이 말보다 더 많은 말을 전해 주기 때문이다.

> 혹 도를 순종치 않는 자라도 말로 말미암지 않고 그 아내의 행위로 말미암아 구원을 얻게 하려 함이니 벧전 3:1

하나님은 우회적으로도 말씀하신다. 당신도 그렇게 할 수 있다. 이를테면 이렇다.

'나는 속일 생각은 없지만 남편의 삶과 무관한 것을 마치 그 삶의 일부인 듯이 말하고자 한다. 비록 그가 믿음을 갖고 있지 않지만, 나는 그가 믿음을 갖고 있는 것처럼 그를 위해 기도할 것이다.'

물론 남편이 원치 않는 일을 강요할 수는 없다. 그러나 하나님의 음성이 남편의 영혼 속에 뚫고 들어가게 해주시라고 기도함으로써 그분의 권능에 의지할 수는 있다. 아무리 오래 남편이 주님을 알게 해주시

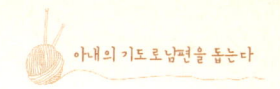

라고 기도해야 한다 할지라도, 설령 평생 기도해야 한다 할지라도 그 시간은 헛되지 않을 것이다. 남편이 그리스도인이든 아니든 간에, 당신은 본서에 수록된 모든 내용으로 그를 위해 기도할 수 있으며 의미심장한 기도 응답을 기대할 수 있다.

가정을 세움

아무리 자유분방한 여성일지라도 일단 결혼하게 되면 반드시 책임져야 할 두 영역이 생기기 마련이다. 바로 가정과 자녀이다. 설령 당신이 직장에 다니고 남편이 가정을 돌보며 아이들을 양육한다 해도, 여전히 당신은 가정이 평화로운 안식처(만족, 인정, 원기 회복, 양육, 휴식, 가족을 위한 사랑의 원천인 안식처)가 되도록 보살필 책임이 있다.

그 외에도 당신은 성적 매력을 지니고, 요리를 잘하며, 훌륭한 어머니 노릇을 하고, 육체적, 정서적, 영적으로 바람직한 존재가 될 것으로 기대될 것이다. 대부분의 여성들에게 그것은 주눅 들게 만드는 기대감이다. 그러나 당신에게는 복음이 있으므로 혼자 힘으로 그 모든 일을 하지 않아도 된다. 당신은 하나님의 도우심을 구할 수 있다.

당신의 가정을 안식처, 곧 창조성이 넘치고 사랑의 친교가 지속되는 곳으로 만들 수 있는 방법을 보여 주시라고 간구하라. 늘 집안을 깨끗이 청소하고, 옷을 말끔히 세탁하며, 부엌을 정돈하고, 냉장고를 가득 채워 놓는 주부가 될 수 있게 해주시라고 하나님께 도움을 청하라. 늘 그렇게 한다고 해서 남편에게 각별한 찬사를 받지는 않을 것이다. 아내가 당연히 해야 할 기본적인 일로 보기 때문이다.

하지만 그렇게 하지 않을 때에는 당장 남편의 눈에 거슬릴 것이다. 남편이 건전지나 전구를 찾는 경우는 어쩌다 한 번일 것이다. 하지만 막상 찾을 때는 그것이 늘 있던 자리에 있기를 원한다. 혹은 밤늦게 남편이 출출할 때 금방 먹을 수 있는 간식거리가 없다면 실망할 것이다.

나는 그런 일이 없도록 최선을 다한다. 나는 남편에게 빨리 귀가하고 싶은 마음이 생기게 해주시라고, 친구들을 집에 데려오고 싶은 마음이 들게 해주시라고 하나님의 도우심을 구한다. 그렇게 하기 위해 비싼 가구를 마련하거나 거창하게 꾸밀 필요는 없다. 우리 부부가 처음 마련한 집은 자그마했고, 거기다 중고품 매장에서 구입한 가구를 들여다 놓았다. 나는 (친구의 도움을 받아) 손수 페인트칠을 해서 그럴싸하게 보이게 만들었다. 약간의 배려와 생각만으로도 그렇게 할 수 있었다.

집을 가정으로 만들기 위해 필요한 일 중 하나는, 남편을 머리가 되게 하고 당신은 가슴이 되는 것이다. 머리인 동시에 가슴이 되려 하는 것은 무리이다. 하나님은 남편을 가정의 머리로 지정하셨다. 머리 구실을 제대로 하든 하지 못하든 간에 어쨌든 남편은 머리이다. 그것이

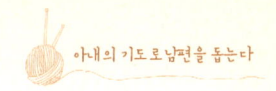

하나님의 질서이다. 그렇다고 머리가 가슴보다 중요하다는 의미가 아니다. 둘은 함께 협력한다.

남편이 가정의 머리라면, 당신은 그것을 인정해야 한다. 그리고 당신은 가정의 가슴이 되기 위한 단계를 충실히 밟아야 한다. 설령 당신이 가정의 경제를 책임지고 있다 해도 마찬가지이다. 그 위치를 뒤집으려 하면 줄곧 다툼이 벌어지기 마련이다.

이는 아내가 일할 수 없다거나 남편이 가정을 돌볼 수 없다는 뜻이 아니다. 가슴과 머리가 각기 취하는 태도에서 차이가 날 뿐이다. 나는 책을 쓸 때마다 수주간에 걸쳐 남편이 가정과 아이들을 보살펴 준 덕분에 마감 시간을 맞출 수 있었다. 그렇다고 해서 그의 머리 됨이 약화되거나 내가 그의 위치를 빼앗은 것은 아니다. 단지 남편이 나를 위해 배려해 주었을 뿐이다. 반대로 그가 일로 바쁠 때도 있었다. 그럴 때는 내가 가정 일을 맡았다. 이처럼 균형을 유지하는 것이 중요하다. 따라서 어떤 경우에서든 가정에서 머리와 가슴의 위치가 손상되지 않도록 기도하는 것이 최선책이다.

가정에서 질서를 유지하는 것이 완벽한 질서를 유지해야 함을 뜻하는 것은 아니다. 다만 기본 질서가 흐트러져서는 안 된다는 뜻이다. 당신이 생활을 위해 남편만큼 일하고 있다면, 가정에서의 책임을 나누어 맡아야 한다. 남편이 그 책임을 맡기를 원치 않는다면, 일정액을 지불

하고서라도 매주 수시간씩 가사를 도와줄 사람을 물색하는 것이 좋다. 그렇게 지출되는 액수가 이혼, 지압, 물리치료 따위에 드는 비용보다 훨씬 저렴하다. 그 점에 관해 하나님께 도움을 청하라.

내가 가정에 관해 언급하고 있는 이 모든 내용은 당신의 육체, 정신, 영혼 모두를 위한 것이다. 이것들을 잘 유지하기 위해 노력해야 한다.

한번은 라디오 토크쇼에서 유명한 심리학자에게 불평을 털어놓는 어느 여성의 이야기를 들은 적이 있다. 그녀는 남편이 자신에게 더 이상 매력을 느끼지 못한다고 했다. 심리학자는 "당신은 자신을 매력적으로 만들기 위해 어떤 노력을 하고 있나요?" 하고 물었다. 그러자 그 여성은 아무런 대답도 하지 않았다.

가만히 있으면 자연히 매력적으로 보이는 것이 아니다. 세상에서 가장 멋진 여성들도 매력을 유지하기 위해 많은 노력을 기울인다. 에스더 왕후는 나라에서 가장 아름다운 여성 중 한 명이었지만, 왕을 만나기 전에 아름다움을 가꾸기 위해 일 년 동안 노력했다.

우리도 동일한 질문을 던져 보아야 한다. "남편에게 매력적으로 보이기 위해 나는 과연 어떤 노력을 하고 있는가?" 나 자신을 정결케 하고 향기 나게 하는가? 규칙적인 훈련을 통해 내적 자아를 정결케 하며 원기를 회복하고 있는가? 건강한 식이요법을 통해 기력과 활력을 유지하고 있는가? 옷을 매력적으로 입는가? 가장 중요한 것은 "과연 나는 매

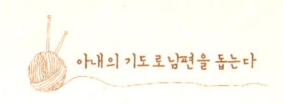

일 하나님과 홀로 보내는 시간을 갖는가?"이다. 주님과 함께 보내는 시간이 많을수록 당신은 더욱 아름답게 빛날 것이다.

고운 것도 거짓되고 아름다운 것도 헛되나 오직 여호와를 경외하는 여자는 칭찬을 받을 것이라 잠 31:30

당신 자신을 위해, 당신의 건강과 미래를 위해 투자하지 않으면 안 된다. 그것은 이기적인 일이 아니다. 오히려 그렇게 하지 않는 것이 이기적이다. 그렇게 하기 위해 어떤 단계들을 밟아야 하는지 보여 주시라고, 그 단계들을 잘 밟을 수 있게 해주시라고 기도드리라. 당신과 당신의 가정 안에 성령께서 거하시도록 초청하라.

지나친 기대를 갖지 말라

결혼 직후, 남편이 직장에서 전화를 걸어 맛있는 저녁을 준비해 주었으면 좋겠다고 했다. 나는 재료를 사와 정성껏 요리했다. 그런데 남편은 집에 들어서면서 "오늘 저녁에는 치킨을 먹고 싶지 않아. 난 양고기를 먹었으면 하는데."라고 퉁명스럽게 말했다. 그때 내 기분이 어땠을지는 굳이 말할 필요도 없을 것이다. 이것은 어쩌다 있는 일이 아니었다. 유사한 일들이 너무도 자주 일어났다. 마이클이 집에서 저녁을 먹는다고 해서 기껏 식사 준비를 해놓으면 전화로 늦게까지 일해야 한다거나 동료들과 외식할 것이라고 말하는 경우가 너무도 잦았다.

나는 화를 내거나 상심하거나 원망해서 좋을 것이 하나도 없음을 마침내 깨달았다. 그렇게 해보았자 문제를 더 악화시킬 뿐이었다. 내가 그렇게 나가면 남편은 방어적인 태도를 보였다. 내가 자기 입장을 이해해 주지 않는다고 생각했기 때문이다. 결국 내 기대를 바꾸는 편이 우리 둘 모두를 위해 더 낫다는 것을 깨달았다. 그 이후로 나는 나와 아이들만 먹을 거라는 생각으로 저녁을 준비했다. 마이클이 함께 식사를 하게 되면 즐거운 일이고, 그가 함께 식사를 하지 않더라도 개의치 않았다.

실망스러운 일들이 생길 때면 남편의 좋은 점들을 떠올리는 것이 상책임을 알게 되었다. 나는 때로 마이클이 허드렛일과 요리를 도와준다는 것을 떠올리곤 한다. 그는 신실하며 그 점에 대해서는 의심의 여지가 없다. 그는 교회에 다니고 성경을 읽고 기도하며 높은 도덕 기준을 갖고 있다. 그는 나와 아이들을 사랑하고 자신의 재능을 하나님의 영광을 위해 사용한다. 그는 선량하고 관대한 사람이다. 더 좋지 않은 일들도 얼마든지 닥칠 수 있는데 남편이 집에서 저녁을 먹는지의 여부를 놓고서 불평하지는 않을 것이다.

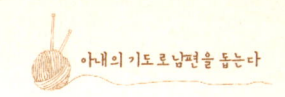

나는 아내들에게 이렇게 조언하고 싶다. 거창한 기대 목록을 가지고 결혼해서 남편이 부응해 주지 않을 때 낙심에 빠지는 어리석음에서 벗어나라는 것이다. 물론 결혼 전에 의견을 모아야 하는 기본 사항들이 있다. 이를테면, 부부간의 정절, 금전적 지원, 정직, 친절, 기본 예의, 높은 도덕 기준, 육체적 감정적 사랑, 보호 등이다. 그런 것들에 관해서는 얼마든지 남편에게 요구할 수 있다. 설령 남편이 요구를 무시해도 기도할 수 있다.

하지만 한 사람에게서 자신의 모든 필요를 채우고자 해서는 안 된다. 그 모든 요구와 당신의 꿈을 만족시켜야 한다는 압박감은 한 남자에게 너무 과중한 짐일 수 있다. 그보다는 필요한 것들을 하나님께 고하고 그분의 응답을 기대하라. 거창한 요구 목록으로 남편을 통제하려고 하다가 뜻대로 되지 않았을 때 화내고 낙심하는 것은 분명 잘못이다.

내 결혼 생활 중에 겪은 큰 문제들은 마이클이 어떤 사람이어야 한다거나 어떻게 해야 한다고 하는 내 기대가 충족되지 않았을 때 발생했다.

그런 기대들을 가급적 포기하라. 당신이 남편에게 바라고 시도하는 변화들 혹은 남편이 당신을 기쁘게 하고자 시도하는 변화들은 실패하기 마련이며 결국 두 사람 모두 낙심하고 말 것이다. 그 대신 필요한 변화들을 일으켜 주시라고 하나님께 간구하라. 하나님은 훨씬 더 능히 해내실 것이다. "무릇 하나님의 행하시는 것은 영원히 있을 것이라 더할 수도 없고 덜할 수도 없기" 때문이다 전 3:14.

남편의 지금 모습 그대로를 받아들이고 그의 성숙을 위해 기도하라. 변화가 일어나면 그것은 하나님이 당신의 남편 속에서 역사하셨기 때문이며 그 변화는 영속적일 것이다. "나의 영혼아 잠잠히 하나님만 바라라 대저 나의 소망이 저로 좇아 나는도다" 시 62:5. 당신이 가장 큰 기대를 가져야 할 대상은 남편이 아니라 하나님이시다.

남편을 최대한 존경하라

하나님이 남편더러 아내를 사랑하라 하시고 아내더러 남편을 존경하라 명하신 것은 흥미로운 사실이다.

> 너희도 각각 자기의 아내 사랑하기를 자기같이 하고 아내도 그 남편을 경외하라 엡 5:33

어떤 여성도 사랑하지 않는 남자와 결혼하지는 않았을 것이다. 그러나 결혼한 후 조금 시일이 지나면 아내가 남편에 대한 존경심을 잃어버리는 경우가 너무도 흔하다. 존경심 상실은 사랑을 잃어버리는 것

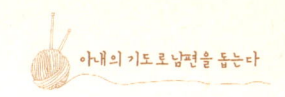

보다 앞서는 듯하며, 그것은 남편에게 생각보다 큰 상처를 입힌다.

　남편에 대한 존경심을 잃어버린 것의 결과는 매우 심각할 수 있다. 언약궤가 예루살렘으로 들어올 때, 다윗왕의 아내 미갈은 남편이 왕의 예복도 입지 않고 속옷 차림으로 여호와 앞과 백성들 앞에서 기뻐하며 춤추는 모습을 보았다. 미갈은 남편의 기쁨을 함께 나누지 않고 오히려 그를 경멸했다 삼하 6:16. 그녀는 하나님의 관점에서 상황을 보지 않고 비판적이었다. 남편에 대한 존경심을 상실한 데 대해 그녀는 뼈저린 대가를 치렀다. 하나님의 심판으로 아이를 가질 수 없게 된 것이다.

　우리가 남편을 존경하지 않으면 남편을 낙심시키고 결혼 생활을 실패로 몰아갈 뿐만 아니라 우리 자신에게 열려진 새로운 삶에 이르는 문 역시 닫히고 만다.

　왕후 와스디는 남편인 왕의 명령에 불복해 연회에 나가지 않았다. 당시 왕은 친구들을 위해 연회를 열었는데, 분위기에 들떠 아름다운 아내를 자랑삼아 보여 주고 싶었다. 그가 왕후에게 요청한 것은 왕후의 예복을 입고 관을 쓰고 잔치 자리에 나와 자기 친구들에게 보이라는 것이 전부였다. 그녀는 남편의 자존심을 상하게 할 것을 잘 알면서도 그 요청을 거부했다.

　"그러나 왕후 와스디가 내시의 전하는 왕명을 좇아 오기를 싫어하니 왕이 진노하여 중심이 불붙는 듯하더라"에 1:12.

그 결과 와스디는 왕후의 자리에서 쫓겨났다. 결국 그녀는 남편인 왕뿐만 아니라 백성들에게도 피해를 입혔던 것이다. 아내가 남편의 마음속에 왕후로 자리 잡은 자신의 위치를 잃고 싶지 않다면, 가족과 친구들에게 해를 끼치고 싶지 않다면, 어떤 일이 있더라도 남편의 자존심을 상하게 해서는 안 된다. 그 대가는 너무도 크다.

만일 이미 당신이 남편을 무시하고 자존심 상하게 해버렸다면 곧바로 하나님께 자백하라.

주님, 주님의 말씀대로 남편을 존중하지 않았음을 고백합니다. 제 마음속에는 방어벽이 세워져 있습니다. 하지만 이제는 그 벽을 허물 준비가 되었습니다. 제 마음이 치유받기를 원합니다. 남편을 멸시하는 태도나 말이 곧 주님께 죄를 범하는 것임을 알았습니다. 주께서 제게 원하시는 무조건적 사랑, 그 사랑을 갖지 못하도록 방해하는 감정적 장벽들을 제거할 수 있는 방법을 보여 주소서. 제 마음을 두르고 있는 완고함의 벽을 허무시고, 주께서 원하시는 대로 남편을 존경할 수 있는 법을 보여 주소서. 주님, 남편을 위한 주님의 마음을 저도 갖게 하시고, 주님의 관점으로 그를 보게 하소서.

이렇게 기도할 때 남편의 결함 대신 위대한 가능성을 보게 될 것이

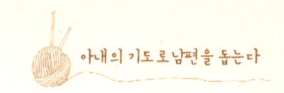

다. 그리하여 당신은 격려와 활기를 주는 긍정적인 말로 결혼 생활을 더욱 호전시키게 될 것이다. 부정적인 면을 따지기 시작하면 사랑이 시들해진다. 반면 긍정적인 면에 초점을 맞추면 사랑이 자란다. 하나님의 심정으로 남편을 생각하면 새로운 눈으로 그를 볼 수 있을 것이다. 하지만 하나님의 분별력에 의지하지 않으면, 남편이 무슨 생각을 하고 있는지, 특정 행동을 하는 이유가 무엇인지 이해할 수 없는 때가 많을 것이다. 하나님께 분별력을 주시라고 간구하라.

자신을 위해 기도할 때는 성경에 나오는 현숙한 여인을 모델로 삼으라. 그녀는 사고 파는 법을 알며 현명한 투자를 할 줄 안다. 그녀는 자신을 강건하게 지키고 매력적으로 옷을 입는다. 부지런히 일하며 품삯을 받기에 충분한 기술이 있다. 그녀는 의식적으로 장래를 예비한다. 남편이 좋은 평판을 얻게 하며, 강건하고, 충실하고, 존중할 만하며, 늙어 가는 것을 두려워하지 않는다. 그녀는 지혜롭고 친절하게 말한다. 그녀는 아무 일도 하지 않고 가만히 앉아 있는 것이 아니라, 자기 집에서 되어 가는 일들을 주의깊게 살핀다. 그녀는 자녀들과 남편에게 찬사를 듣는다. 외모의 매력이나 아름다움에 의존하지 않으며, 여호와를 경외하는 것이 가장 매력적임을 알고 있다. 그녀는 남편을 지원하면서도, 자기 나름대로의 풍성한 삶도 영위해 나간다 잠 31장.

참으로 놀라운 여성이다! 하나님의 도우심에 힘입고 자신을 복종시킬 때에만 이런 여성이 될 수 있다. 이런 여성은 남편의 신뢰를 받는다. "그런 자는 살아 있는 동안에 그 남편에게 선을 행하고 악을 행치 아니하기" 때문이다 잠 31:12. 나는 아내가 남편을 위해 행할 수 있는 가장 중요한 "선"이 바로 기도임을 믿는다.

"집은 지혜로 말미암아 건축되고 명철로 말미암아 견고히 되며 또 방들은 지식으로 말미암아 각종 귀하고 아름다운 보배로 채우게 되느니라" _ 잠 24:3-4

"무엇이든지 기도하고 구하는 것은 받은 줄로 믿으라 그리하면 너희에게 그대로 되리라 서서 기도할 때에 아무에게나 혐의가 있거든 용서하라 그리하여야 하늘에 계신 너희 아버지도 너희 허물을 사하여 주시리라" _ 막 11:24-25

Chapter 02

남편의 일

당신의 기도는 인생의 참의미가 일 자체에 있는 것이 아니라 하나님을 따르는 데 있다는 사실을 남편이 깨닫게 도와준다. 우리 남편들이 완벽한 균형을 찾을 수 있게 해주시라고 기도하자.

빌은 거의 일을 하지 않는다. 무려 17년 동안이나 자신의 꿈만 좇고 있다. 문제는 아내 킴이 가족 부양의 짐을 언제까지나 지고 싶어하지 않는다는 것이다. 나는 빌의 무기력의 근저에 두려움이 자리 잡고 있다고 생각한다. 그는 자신이 꿈꾸는 직업을 얻지 못하면 평생 원치 않는 일에 붙들려 있을 거라는 두려움을 느낀다.

반면 스티븐은 죽도록 일만 한다. 그는 느긋하게 쉬는 법이 없고, 성공을 즐기는 법도 없다. 가족과 시간을 보내는 적도 거의 없다. 그가 그토록 열심히 일하는 것은 꼭 그렇게 해야 하기 때문이 아니라 두려움 때문이다. 그는 자신이 일을 쉴 경우 자신의 눈에나 다른 모든 사람들의 눈에 자신이 무가치한 존재로 비칠까 봐 두려워한다.

빌과 스티븐은 남자가 일에 어떻게 대처할 수 있는지 보여 주는 극단적 사례들이다. 그 대처 방법 중 하나는 게으름이다. 이기심, 두려움, 확신 결여, 의기소침, 미래에 대한 염려 등으로 인해 일을 기피하는 것이다. 게으름에 대해 하나님은 다음과 같이 말씀하신다.

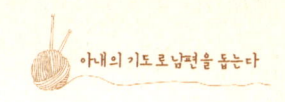

문짝이 돌쩌귀를 따라서 도는 것같이 게으른 자는 침상에서 구으느니라 잠 26:14

잠자기를 즐겨하는 자는 해어진 옷을 입을 것임이니라 잠 23:21

게으른 자의 길은 가시 울타리 같으나 잠 15:19

게으른 자의 정욕이 그를 죽이나니 이는 그 손으로 일하기를 싫어함이니라 잠 21:25

다시 말해서 게으른 사람은 어떤 일도 이루지 못할 것이며, 아무것도 갖지 못할 것이고, 그 앞에 시련이 닥쳐 결국에는 파멸할 것이다.

이와 정반대의 극단은 일 중독이다. 다른 모든 것을 배제하고 다양한 삶의 과정도 무시한 채 일에만 파묻혀 있는 것이다. 일 중독에 대해서 하나님은 이렇게 말씀하신다.

무릇 이를 탐하는 자의 길은 다 이러하여 자기의 생명을 잃게 하느니라 잠 1:19

그 후에 본즉 내 손으로 한 모든 일과 수고한 모든 수고가 다 헛되어 바람을 잡으려는 것이며 해 아래서 무익한 것이로다 전 2:11

다시 말해서 일 중독은 기력을 고갈시키며 무익하다.

두 가지 극단 중 어느 것도 행복과 성취를 가져다주지 않는다. 둘 사이에 완벽한 균형을 이룰 때에만 비로소 그 같은 결실을 거둘 수 있다. 하나님은 그런 균형을 이루도록 도우신다.

이 같은 두 가지 극단에 빠지게 하는 공통적인 원인은 바로 두려움이다. 이는 정체성이 일과 결부되어 있는 경우가 많기 때문이다. 그는 사람들에게 인정받고 성취감을 느끼고 싶어하는데, 일이 두 가지를 만족시키는 도구 역할을 한다. 만일 자신의 품위를 떨어뜨리는 일을 하고 있다면 스스로 변변치 못하다고 느낀다. 또한 일을 성공적으로 해내지 못하면 상실감을 느낀다.

남자의 일이 그의 성취감의 원천임을 하나님은 잘 알고 계신다. 하나님은 "수고함으로 낙을 누리는 것"보다 더 좋은 것은 없다고 말씀하신다. 그것은 "하나님의 선물"이다전 3:13. 많은 이들이 자기 일에서 성취감을 느끼지 못하는 것은 어떤 일을 하느냐보다는 목적 의식을 갖고 있느냐 없느냐와 관계가 있다. 목적 의식이 없는 남자는 열심히 일하면서도 기대감을 거의 갖지 않으며, 더 이상 미래를 바라보지도 않는다. 점차 나이를 먹으면서 그의 머리 속에는 다음과 같은 말들이 들릴 수 있다.

"너는 아무짝에도 쓸모가 없어."

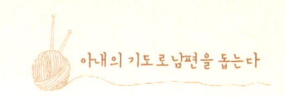

"너는 언제든지 다른 사람으로 대체될 수 있어."
"네가 해오던 일을 이제는 할 수 없어."
"새 일을 배우기에는 너무 늙었어."
"네게는 아무런 목적이 없어."

이는 남자들이라면 한 번쯤 직면할 수 있는 위험스런 상황이다.

게리와 그의 아버지와 할아버지는 모두 힘겹게 생계를 꾸려나갔다. 그들은 노년에 이르러서야 비로소 자신이 하고 있는 일에 대해 차분히 생각할 수 있었다. 그들은 분명한 지도도 받지 못한 채 이 일 저 일 옮겨 다녔다. 그저 돈을 벌기 위해 닥치는 대로 힘들게 일했다. 그들 중 누구에게도 은사와 재능을 깨닫게 해주시라고, 하나님의 소명을 보여 주시라고, 길을 열어 주시라고, 지음받은 목적에 걸맞은 존재가 되게 해주시라고 기도해 주는 부모가 없었다. 하나님의 개입이 없는 한, 역사는 반복된다.

적극적으로 기도하는 부모를 둔 사람들은 평생 해야 할 일을 일찍 발견한다. 물론 그들이 갑작스럽게 화려한 경력을 쌓는 것은 아니지만, 그들에게는 올바른 방향으로 나아가게 하는 목적 의식과 목표가 있다. 다른 사람들과는 달리 그들은 낙심하거나 목적 없이 살아가지 않는다.

많은 부모들이 자녀를 위한 계획을 나름대로 갖고 있지만, 자녀의 삶을 위한 하나님의 계획을 찾는 이들은 적다. 자녀의 삶을 그런 식으로 우연에 맡기면 일종의 직업상의 방황이 야기될 수 있다. 자녀가 스스로 개척해 나가려고 시도할 때는 쓸데없는 실수, 낙심, 의심, 절망이 생겨난다. 설령 당신 남편이 그런 식으로 시작했더라도 당신의 기도가 그의 삶을 변화시킬 수 있다.

남편에게 기도하는 부모가 없다면, 당신이 그 틈을 메워 줄 수 있다. 당신은 남편의 눈이 열려 하나님이 원하시는 일과 그분이 인도하시는 방향을 볼 수 있게 해주시라고 기도할 수 있다. 당신의 기도를 통해 남편은 인정받고 있다는 느낌을 받으며 나름대로 가치 있는 일을 하고 있다는 격려를 받는다. 당신은 하나님이 그에게 독특한 능력과 재능을 부여하셨고 그의 장래를 위해 복된 것을 예비하고 계신다는 확신을 남편에게 심어줄 수 있다.

그러므로 그것을 보여 주시라고, 누구도 닫을 수 없는 기회의 문을 열어 주시라고 기도하라. 당신의 기도는 남편의 길을 닦아 줄 수 있다.

설령 남편이 이미 성공적으로 일하고 있다 하더라도, 그가 하나님이 원하시는 곳에 있고 매사가 순조롭게 진행되기를 기도하는 것이 좋다. 작사가이자 음반업자인 내 남편은 내 기도가 나쁜 고객들과의 동업을 막아 준 것 같다고 했다. 그는 까다롭거나 섬뜩한 인상이거나 사악하거나 부적합한 사람과 같이 일한 적이 없는데, 그의 직업에 비추어 볼

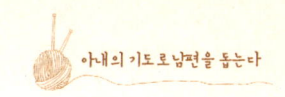

때 그것은 기적이나 다름없었다. 하나님이 그를 올바른 사람들에게로 이끌어 주시도록 그리고 문제가 될 만한 사람들을 그의 행로에서 제해 주시도록 내가 항상 기도한다는 것을 남편은 알고 있었다.

아내의 기도가 남편에게 아무 문제도 없는 평탄한 길을 보증해 주지는 못하지만 많은 문제들을 피하게 해줄 수는 있다.

만일 남편이 고된 일을 하고 있다면 휴식과 기분 전환을 할 수 있도록 배려하라. 일생토록 가족을 부양하는 중압감에서 잠시나마 벗어나게 해주라. 남자들은 기분 전환이 필요하다. 그렇게 하지 못하면 탈진하기 쉽고 온갖 종류의 시험에 넘어가기 쉽다.

당신의 기도는 인생의 참의미가 일 자체에 있는 것이 아니라 하나님을 따르는 데 있다는 사실을 남편이 깨닫게 도와준다. 우리 남편들이 그처럼 완벽한 균형을 이루게 해주시라고 기도하자.

"주 우리 하나님의 은총을 우리에게 임하게 하사 우리 손의 행사를 우리에게 견고케 하소서 우리 손의 행사를 견고케 하소서" _ 시 90:17

"네가 자기 사업에 근실한 사람을 보았느냐 이러한 사람은 왕 앞에 설 것이요 천한 자 앞에 서지 아니하리라" _ 잠 22:29

Chapter 03

남편의 금전

모든 금전 문제를 하나님께 맡길 때, 금전과 관련해 그분의 지시대로 따를 때 수많은 문제들이 해결될 수 있다. 그렇게 할 때 그분은 당신에게 필요한 것을 제공하시고, 보호하시고, 축복하시고, 치유하시며 보존해 주실 것을 약속하신다.

남편의 됨됨이와 인생 경험들 중 상당수는 금전을 어떻게 다루느냐와 관계가 있다. 그는 후하게 베푸는가 인색한가, 다른 사람들에게 감사하는가 시기하는가, 그에게 있어 돈은 축복인가 저주인가, 그는 자신의 소유에 대해 지혜로운가 무분별한가, 지출에 대해 그는 당신과 생각이 일치하는가 아니면 금전 문제로 부부간에 불화가 잦은가?

금전에 관한 무책임성, 돈의 부족, 큰 빚 등보다 결혼 생활을 더 심하게 압박하는 것은 없다. 우리가 가진 모든 것이 하나님께로서 비롯된다는 사실을 깨닫고 그분을 모든 것의 주인으로 인정할 때에만 돈이나 돈의 부족으로 말미암는 함정을 피할 수 있다.

내 남편은 늘 생계를 잘 꾸려 왔지만, 언제 그리고 얼마나 많은 돈이 들어오느냐와 관련해 말하자면 그의 사업은 '풍요 아니면 빈곤'이었다. 어느 해인가 음악 업계가 불황이었던 적이 있었다. 누구나 그것을 실감했다. 우리에게 돈을 지불해야 할 회사들마저 자금 융통이 어려워

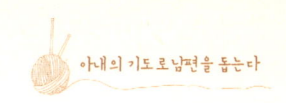

져서 지불을 보류했다. 참으로 갑갑한 시기였다. 만일 우리 부부에게
주님을 향한 믿음이 없었다면, 금전 문제를 그분께 맡기지 않았다면
어려움은 한층 더했을 것이다. 하나님께 순종해 십일조를 드린 것이
위안으로 다가왔다.

> 너희의 온전한 십일조를 창고에 들여 나의 집에 양식이 있게 하고 그것
> 으로 나를 시험하여 내가 하늘 문을 열고 너희에게 복을 쌓을 곳이 없
> 도록 붓지 아니하나 보라 말 3:10

또한 우리는 가난하고 궁핍한 자들을 신실하게 도와주었다.

> 빈약한 자를 권고하는 자가 복이 있음이여 재앙의 날에 여호와께서 저
> 를 건지시리로다 여호와께서 저를 보호하사 살게 하시니 저가 세상
> 에서 복을 받을 것이라 시 41:1-2

아울러 우리는 성경의 약속도 알고 있었다.

> 여호와를 찾는 자는 모든 좋은 것에 부족함이 없으리로다 시 34:10

분명 우리는 여호와를 찾고 있었다. 모든 축복의 원천이신 하나님을

바라보고 그분의 도에 순종할 때, 그분이 우리를 위해 필요한 모든 것을 제공하실 것이라고 믿었다. 실제로 그분은 그렇게 하셨다.

모든 금전 문제를 하나님께 맡길 때, 금전과 관련해 그분의 지시대로 따를 때 수많은 문제들이 해결된다. 하나님이 주라고 말씀하시면 주라. 당신이 그렇게 할 때 그분은 당신에게 필요한 것을 제공하고, 보호하고, 축복하고, 치유하며 보존해 주실 것을 약속하신다. 반면 그렇게 하지 않는다면 당신은 가난한 자들이 겪는 비참한 상황을 경험하게 될 것이다.

"귀를 막아 가난한 자의 부르짖는 소리를 듣지 아니하면 자기의 부르짖을 때에도 들을 자가 없으리라" 잠 21:13.

베풀지 않으면 당신이 가진 것을 누리지 못하며 일생토록 곤경에 처하게 된다.

부유하면서도 베풀지 않는 사람들이 있다. 그들의 삶을 면밀히 살펴보면, 그들이 여호와의 수많은 축복들을 놓치고 있음을 발견할 것이다. 건전함, 보호, 사랑, 평안, 건강, 성취 등과 같은 축복들이 줄곧 그들에게서 멀어지는데 그들은 왜 그런지 알지 못한다. 그들은 부를 얻지만 그것을 누리지 못한다. 삶의 요체가 여호와를 알고 그분의 도를 따르는 데 있기 때문이다. 그분의 말씀을 좇아 우리의 시간, 정력, 사랑, 재능, 금전을 써야 하는 것이다.

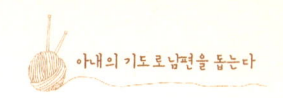

남편이 이 같은 삶의 요체를 터득하며 금전 문제와 관련해 하나님의 뜻을 이해하게 해주시라고 기도하라. 그가 가진 것으로 만족하며, 더 많은 재물을 추구하느라 노심초사하지 않는 베푸는 자가 되게 해주시라고 기도하라.

결코 소득 증대를 위해 노력해서는 안 된다는 것이 아니다. 오히려 정반대이다. 당신의 남편은 자신의 노동에 걸맞는 소득을 당연히 얻어야 하며, 당신은 그 일을 위해 기도해야 한다. 몹시 힘든 고역에도 불구하고 쓰디쓴 궁핍, 고뇌, 질병, 한탄 등에서 벗어나지 못하는 것이 당연시되어서는 안 된다. 모든 축복의 보고가 남편에게 열리도록 최선을 다해 기도하되, 그 모두가 하나님의 손에서 비롯되도록 기도하라.

> 여호와께서 복을 주시므로 사람으로 부하게 하시고 근심을 겸하여 주지 아니하시느니라 잠 10:22

기도로 모든 금전 문제를 다 피할 수 있는 것은 아니다. 하나님께서 주의를 집중시키고 교훈을 주시기 위해 금전 문제를 사용하실 때도 있기 때문이다. 그러나 당신의 기도는 남편을 불필요한 노고와 손실로부터 지켜 줄 것이다. 하나님은 순종하고 감사하며 베푸는 사람들을 축복하신다. 그런 사람들의 진정한 보화는 주님 안에 있다.

"네 보물 있는 그곳에는 네 마음도 있느니라" 마 6:21.

하나님은 당신 남편이 금전적인 부분에서가 아니라 그분 안에서 보화를 발견하기를 원하신다.

"내가 어려서부터 늙기까지 의인이 버림을 당하거나 그 자손이 걸식함을 보지 못하였도다" _ 시 37:25

"어떤 사람에게든지 하나님이 재물과 부요를 주사 능히 누리게 하시며 분복을 받아 수고함으로 즐거워하게 하신 것은 하나님의 선물이라" _ 전 5:19

Chapter 04

남편의 성

결혼하면 우리 몸은 자신의 것이 아니다. 부부간에 서로 육체적인 관심을 가져야 하며, 서로에 대한 권한을 무시해서는 안 된다. 하나님께서는 우리 몸이 배우자를 위로하고 만족시키는 데 사용되어야 한다고 하신다.

본서에서는 남자의 삶에 있어 가장 우선적인 사항들을 고찰하고 있다. 만일 우리가 남편들에게 가장 절실한 이 영역들에서 유익을 줄 수 있다면, 남편들의 행복과 관련된 다른 중요한 영역들에도 성공적으로 개입할 수 있을 것이다.

결혼 생활에 실패하거나 불화 상태이거나 파경으로 끝난 여성들과 함께 기도해 온 지도 무려 20년이 지난 지금, 그들의 마음속에 공통적으로 성관계가 낮은 비중을 차지하고 있다는 것을 알게 되었다. 아내로서 그 부분에 아무 관심이 없다는 뜻이 아니다. 자녀 양육, 일, 금전 문제, 가사, 정서적 스트레스, 피로, 질병, 부부싸움 등과 같이 여자의 관심을 빼앗는 다른 일들이 너무도 많다는 뜻이다.

아내의 우선 순위에서 성관계가 제일 뒤로 밀려나는 경우가 많다. 어떤 여성들은 이런저런 이유로 몇 주, 몇 달, 1년, 심지어는 그 이상을 남편과 성관계를 갖지 않기도 한다. 그러다 뜻밖의 큰 불행이 닥치면 그제서야 깜짝 놀란다. 설령 아내는 그렇게 지내는 것을 무난하게 여긴

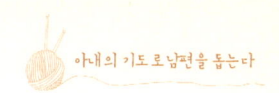

다 해도, 그녀의 남편은 삶의 중요한 부분을 무시당하는 것일 수 있다.

아내에게 있어 성관계는 애정에서 나오는 것이다. 여자는 자신을 화나게 하거나, 마음의 상처를 입히거나, 외롭게 하거나, 실망시키거나, 혹사시키거나, 무시하는 남자와 애정을 나누고 싶어하지 않는다.

그러나 남편에게 있어 성관계는 절실한 욕구이다. 그 욕구가 충족되지 않으면 그의 눈과 귀와 두뇌와 감정에는 먹구름이 낀다. 그는 아내의 말을 제대로 들으려 하지 않고 요구 사항들도 배려하지 않는다.

그런데 아내들은 그것을 종종 반대로 생각한다. 다른 문제가 해결되면 성관계를 가질 수 있다고 생각하는 것이다. 하지만 먼저 성관계가 원만하게 이루어져야 다른 문제들을 해결할 기회가 훨씬 더 많아진다.

결혼 생활에서 성관계를 우선시해야 하는 이유가 바로 그 때문이다. 모든 조건들이 완벽한지, 당신이 그것을 좋아하는지가 가장 중요한 것이 아니다. 중요한 것은 남편의 욕구를 만족시키고 대화를 유지하는 일이다. 남자는 성관계와 관련해 실망하거나 낙심하거나 시험에 빠지기 쉽다. 이 분야는 남자의 성취감과 관련해 가장 중요한 부분이며 또한 남자가 가장 취약성을 보이는 부분이기도 하다.

성 문제가 매우 흔한 이유는 많은 여성들이 그 주제에 대한 하나님의 관점을 명확히 파악하지 못하기 때문이다. 하지만 성경의 가르침은 명료하다.

> 아내가 자기 몸을 주장하지 못하고 오직 그 남편이 하며 남편도 이와 같이 자기 몸을 주장하지 못하고 오직 그 아내가 하나니 서로 분방하지 말라 다만 기도할 틈을 얻기 위하여 합의상 얼마 동안은 하되 다시 합하라 이는 너희의 절제 못함을 인하여 사단으로 너희를 시험하지 못하게 하려 함이라 고전 7:4-5

부부간의 성관계는 하나님이 생각해 내신 것이다. 간혹 수주간에 걸쳐 금식 기도하지 않는 한, 혹은 병에 걸렸거나 따로 떨어져 있지 않는 한 정기적으로 성관계를 갖는 것이 바람직하다.

결혼하면 우리 몸은 자신의 것이 아니다. 부부간에 서로 육체적인 관심을 가져야 하며, 서로에 대한 권한을 무시해서는 안 된다. 성관계의 횟수는 자신의 요구에만 따르는 것이 아니라 상대방의 요구에도 따라야 한다. 만일 자신의 필요나 바람에 따라서만 성관계를 갖는다면 하나님의 관점을 놓치고 있는 것이다.

하나님께서는 우리 몸이 배우자를 위로하고 만족시키는 데 사용되어야 한다고 하신다. 아내에 의해 이런 요구가 충족될 때 남편과 결혼 생활에 있어 무엇인가 건설적인 일이 증진된다. 반면 그렇지 못할 때는 무엇인가가 결핍된다.

이 같은 내밀한 관계를 무시하면 스스로를 시험에 방치하는 거나 마

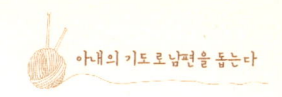

찬가지이며 생각보다 훨씬 파괴적인 상황이 닥친다. 그런 일은 누구에게나 일어날 수 있으며, 결혼 생활의 성적 측면과 남편과의 성관계를 기도 제목으로 삼아야 하는 것도 바로 이 때문이다. 문제가 닥치기 전에 그 점에 관해 기도를 시작하는 것이 최선책이다.

만일 남편이 더 빈번한 성관계를 요구하고 당신은 자제하는 쪽이라면 당신의 방식을 변화시켜 주시라고 기도하라.

성관계를 자연스럽게 갖기가 가장 힘든 시기는 어린 자녀들을 일일이 보살펴야 할 때이다. 그 시기에는 자녀들을 재우느라고 지치기 일쑤이다. 당신은 가능한 빨리 잠을 청하려 하지만, 남편은 다른 생각을 하고 있다. 당신은 남편의 말문을 철저히 막아 버린 채 "그건 잊어버려요, 난 피곤해요."라고 하거나, 자신이 얼마나 지친 상태인지 이야기하고는 남편이 "알았어요. 푹 쉬어요."라고 말해 주기를 바랄 수도 있다. 혹은 좋지 않은 반응을 보이며 남편을 멋쩍게 만들거나 화나게 할 수도 있다.

그러나 훨씬 더 좋은 방법이 있다. 바로 남편의 요구에 응하는 것이 자신에게도 유익하다는 점을 인식하는 것이다.

남편이 당신에게 성적으로 다가올 때 눈을 부라리며 한숨을 쉬지 말라. 그 대신 "알겠어요, 15분만 기다려요." 하고 말하라. 그 시간 동안, 매력적인 기분을 느끼게 하는 무슨 일인가를 해보라. 예컨대, 샤워를

하거나 욕조에 몸을 푹 담궈 보라. 향기로운 바디 로션을 바르거나 남편이 좋아하는 향수를 뿌려 보라(남편과 함께하는 때에만 사용하는 향수를 준비해 두는 것도 좋은 방법이다). 머리를 빗으라. 세수를 하고, 피부가 탄력 있게 보이도록 화장을 하라. 립스틱을 바르고 볼 화장을 하라. 남편이 좋아하는 란제리를 입으라. 당신의 결함에 대해서는 염려하지 말라. 남편은 그런 것을 생각하고 있지 않다. 정 꺼림칙하다면 아름다운 잠옷으로 가리라.

이렇게 준비하는 동안, 새로운 활력과 좋은 태도를 갖게 해주시라고 기도하라. 당신 남편은 기다린 보람이 있다고 생각할 것이다. 스스로에 대해 좋은 기분을 가질 때 훨씬 멋진 섹스 파트너가 될 수 있다는 사실에 놀라게 될 것이다. 남편은 더 행복해 할 것이며 둘 다 단잠을 잘 수 있을 것이다. 이처럼 적은 시간을 투자해 결혼 생활에 큰 유익을 얻을 수 있다.

때로는 아내가 남편에게 성적으로 무시당하는 경우도 있다. 남편이 관심을 잃은 데에는 여러 가지 이유들이 있을 수 있지만, 크게 신체적, 정신적, 감정적인 이유들을 들 수 있다. 그러나 만일 남편이 수개월 동안 성관계를 갖지 않는다면 무언가 잘못된 것이다. 신체적 문제가 없다면 아마도 그는 깊은 실패감, 낙심, 압박감, 좌절감에 빠져 있을 수 있으며, 그런 상태는 주의 깊은 배려가 필요하다.

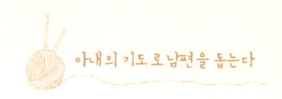

문제가 무엇이며 그것을 어떻게 해결할지 알아내는 데 기도가 도움이 될 것이다. 필요하다면 전문가에게 도움을 청하라. 그것이 이혼이나 파탄에 처한 결혼 생활로 신체적, 감정적, 정신적 피해를 입는 것보다 훨씬 낫다.

원망, 적의, 자기 연민, 용서하지 않는 마음 등과 같은 부정적 감정들을 쌓지 말라. 스스로를 건강하고 매력적인 모습으로 유지하라. 자신의 몸을 돌보고 싶은 마음이 들지 않는다면 남편에 대한 배려 차원에서라도 그렇게 하라. 남편이 좋아하는 란제리를 준비해 두었다가 함께 있을 때 입으라. 헤어 스타일을 바꿔 보라. 새로운 태도로 남편을 놀래 주라. 당신의 마음을 늘 새롭게 단장하라. 아무것도 하지 않는 소극적 태도를 버리라.

성적인 부분이 무시될 때 안 좋은 일들이 생긴다. 당신에게 그런 일이 일어나도록 방관하지 말라. 너무 오랫동안 남편과 성관계 없이 지내지 말라. 그 시일이 너무 길어지면 이유를 알게 해주시라고 또 해결책을 알려주시라고 간구하라.

과거가 어떠했든지 간에 늦었다는 생각을 버리고 성적 순결을 위해 기도하라. 때로는 혼전 성경험 때문에 결혼 생활 중에 성적 문제가 발생하기도 한다. 그 기억들로부터 벗어나 치유받게 해주시라고 기도하라. 순결이란 마음에서 비롯되는 것이다. 기도가 그 출발점이다.

인생에 있어 이처럼 중요한 요소를 위해 기도하는 일을 등한시하지 말라. 그리하여 결혼 생활을 통해 베푸시는 하나님의 축복을 상실하는 일이 없게 하라.

"너는 네 우물에서 물을 마시며 네 샘에서 흐르는 물을 마시라 어찌하여 네 샘물을 집 밖으로 넘치게 하겠으며 네 도랑물을 거리로 흘러가게 하겠느냐 그 물로 네게만 있게 하고 타인으로 더불어 그것을 나누지 말라 네 샘으로 복되게 하라 네가 젊어서 취한 아내를 즐거워하라 그는 사랑스러운 암사슴 같고 아름다운 암노루 같으니 너는 그 품을 항상 족하게 여기며 그 사랑을 항상 연모하라" _잠 5:15-19

Chapter 05

남편의 애정

많은 사람들이, 심지어 경건한 이들마저도 애정이 없는 까닭에 무덤 같은 결혼 생활을 하고 있다. 하지만 하나님이 원래 계획하신 부부 관계는 그런 것이 아니다. 만일 애정이 결여된 결혼 생활을 하고 있다면 성령의 역사로 말미암은 변화를 간구하라.

결혼한 지 여러 해가 지났을 무렵에야 패티는 톰의 애정 결핍 문제를 놓고서 그와 심각한 대화를 나누었다. 톰은 멋진 남편이었고 부부간의 성관계도 좋았지만, 성행위 이외에는 전혀 애정을 보이지 않았다. 그것은 톰이 패티를 사랑하지 않기 때문이 아니었다. 그는 그녀를 흠모해 마지않았다. 그것은 단지 그가 어렸을 때 애정을 받지 못하고 자랐기 때문이었다.

패티는 자신이 느끼는 감정에 대해 죄책감을 느꼈으며, 톰을 비판하거나 그의 마음을 상하게 하고 싶지 않았다. 그러나 그녀 역시 어렸을 적에 제대로 애정을 받지 못했고, 그 때문에 결혼 생활을 통해 애정을 채우기를 원했다. 패티가 톰에게 이 문제로 따지고 들 때마다 그는 변화를 시도했지만, 이내 원래 상태로 되돌아가곤 했다.

이로 인해 두 사람 모두 큰 상처를 입었다. 마침내 패티는 좌절감에 빠져 자신의 내면이 죽어 가고 있다고 느꼈다. 그녀는 남은 생애를 어떻게 애정 없이 살아갈 수 있을까 하는 염려로 가득했지만 톰에게서는

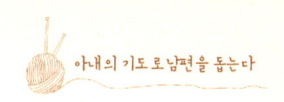

어떤 변화도 기대할 수 없었다.

결국 패티는 고통을 견딜 수 없어 그 문제를 기도 파트너들에게 호소했다. 그들은 매주 열심히 기도했고, 하나님께서 패티에게 역사하셨다.

그녀는 하나님의 지시에 순종해 정상적인 식사와 적절한 운동을 거르지 않았다. 그 이전에만 해도 그녀는 식사나 운동을 제대로 하지 않았다. 하나님의 지시에 온전히 순종하자, 그녀는 자신에 대해 좋은 감정을 갖기 시작했으며 자신이 남편에게 사랑받을 자격이 있다는 것을 확신했다. 애정을 원하는 마음에 대해 죄의식을 느낄 필요가 없었다. 주님께서도 같은 생각이셨기 때문이다.

얼마 후 그녀는 하나님의 인도하심에 따라 그 문제를 남편에게 다시 이야기했다. 이번에는 방법이 달랐다. 이제 그녀는 성령의 인도하심을 받았고, 톰에게 기적적인 변화가 일어나게 해주시라고 기도 파트너들과 간절히 기도하고 있는 중이었다.

패티는 이렇게 말했다.

"그 문제를 다시 끄집어 내는 것 자체가 큰 용기가 필요했어요. 행여 이혼을 초래하지나 않을까 두려웠습니다. 우리 둘 다 너무 상심한 상태였고 서로에 대해 아무런 소망도 가질 수 없었기 때문이죠. 그러나 하나님은 꼭 필요한 말을 사랑으로 전할 수 있는 힘을 주셨고, 이번에는 대화를 통해 곧장 돌파구를 찾을 수 있었어요."

톰은 이렇게 회상했다.

"패티가 내게 '여보, 당신처럼 멋진 남자가, 내가 이토록 사랑하고 신뢰하는 사람이 자상한 애정을 보여 주지 못한다는 것이 어디 말이나 돼요?' 하고 말했을 때가 전환점이 되었습니다."

패티는 덧붙여 설명했다.

"제가 남편에게 확신을 주었던 까닭에 그는 다시 시도해 볼 만하다는 희망을 갖게 되었답니다."

이번에는 톰도 다르게 시도했다. 그는 그 문제를 기도 모임에 알렸고, 그들은 매일 기도로 그를 지원하기로 결심했을 뿐만 아니라 그로 하여금 날마다 패티에게 어떤 형태로든 애정을 표현할 것을 권했다.

톰은 말했다.

"기꺼이 환영할 일이었어요. 너무나 변화를 원했거든요. 사랑하는 패티에게 상처를 입히고 있다는 사실이 무척이나 싫었어요. 저는 달라지기를 원했고, 진정한 변화는 오직 성령의 권능에 의해서만 일어날 수 있음을 알게 되었답니다."

수주간에 걸쳐 기도 모임 회원 중 한 명이 매일 톰에게 전화를 걸어 "오늘은 패티에게 어떤 식으로 애정을 표현했나요?" 하고 물었다. 또 애정을 표현하며 확신을 심어 줄 수 있는 방안들을 알려주었다. 그들

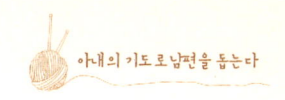

은 톰더러 패티에게 "내가 어떻게 하고 있어요?" 하고 정기적으로 물어 보라고 일러 주었다.

성령님의 인도로 마음의 준비가 되어 있지 않은 사람에게는 그렇게 하는 것이 참으로 성가신 일이었을 것이다. 하지만 톰은 주님의 역사를 흔쾌히 받아들였기 때문에 아무런 부담도 느끼지 않았다.

패티는 밝은 미소를 지으며 이렇게 말했다.

"이제 남편이 귀가하면 제일 먼저 하는 일이 저를 안고 키스하는 거예요. 다섯 차례 포옹을 하고 난 후에 저는 새사람이 된 듯했답니다."

톰과 패티의 사례는 드문 경우가 아니다. 많은 사람들이 심지어 경건한 이들마저도 애정이 없는 까닭에 무덤 같은 결혼 생활을 하고 있다. 여성들이 그것을 참고 견디는 이유는 남편이 다른 면에서는 만족할 만하기 때문이다. 혹은 남편에게 애정을 요청하는 일을 등한시하기 때문이다. 하지만 하나님이 원래 계획하신 부부 관계는 그런 것이 아니다.

남편은 그 아내에게 대한 의무를 다하고 아내도 그 남편에게 그렇게 할 지라 고전 7:3

성경은 "안을 때가 있다"전 3:5고 말한다. 결혼한 때가 바로 그때이다. 남자들은 애정을 최우선 순위에다 두지 않는다. 이는 흔히 그들이 성관계와 애정을 동일시하기 때문이다. 하지만 여성이 가장 필요로 하는 것은 애정이다. 만일 당신이 애정이 결여된 결혼 생활을 하고 있다면 성령의 역사로 말미암은 변화를 간구하라.

> "이와 같이 남편들도 자기 아내 사랑하기를 제 몸같이 할지니 자기 아내를 사랑하는 자는 자기를 사랑하는 것이라 누구든지 언제든지 제 육체를 미워하지 않고 오직 양육하여 보호하기를 그리스도께서 교회를 보양함과 같이 하나니"
>
> _ 엡 5:28-29

> "각각 자기 일을 돌아볼 뿐더러 또한 각각 다른 사람들의 일을 돌아보아 나의 기쁨을 충만케 하라"
>
> _ 빌 2:4

Chapter 06

남편의 시험

시험은 언제든 닥칠 수 있기에 늘 조심해야 한다. 우리 영혼의 대적은 우리 육신의 가장 취약한 부분을 알고 있으며, 바로 그 부분을 통해 시험할 것이다. 문제는 시험거리가 있을 것이냐가 아니라, 시험에 직면할 때 우리가 어떻게 대처하느냐 하는 것이다.

결혼한 이후 나는 우리 부부의 삶 가운데서 시험을 제거해 주시라고 기도드렸다. 기도 응답인지 혹은 우리 부부가 시험에 빠지지 않도록 스스로를 잘 통제한 덕분인지, 우리는 서로에게 그 일로 걱정을 끼친 적이 없다. 나는 인간의 자제력보다는 하나님의 도우시는 손길이 더 크게 작용했다고 확신한다. 그러나 이 둘 모두 중요하다.

결혼 생활 중에 간음한 부부들을 나는 알고 있다. 하지만 기도하는 아내가 있거나 하나님의 도우심에 의지해 변화와 회복을 시도하는 남편이 있었던 까닭에, 그들의 결혼 생활은 현재까지 성공적으로 유지되고 있다.

오직 기도와 순종하는 마음 그리고 성령의 변화시키시는 권능만이 그런 이적을 가능케 한다.

내가 아는 한 친구의 남편은 여러 차례 간음을 범했고, 결국 그들 부부는 이혼하고 말았다. 그 남편의 간음 대상은 매번 아내의 가장 친한 친구였다. 나는 그녀의 '친구' 선택에 대해서는 의문을 제기했지만, 그

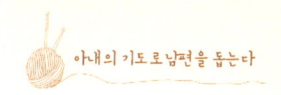

녀의 경건이나 기도 생활에 대해서는 의문을 제기하지 않았다. 그 친구는 열심히 기도했다. 그러나 성령의 지시에 귀 기울이려 하지 않는 심령은 아무리 열심히 기도해도 변화되지 않는다.

오늘날 시험은 곳곳에 산재해 있다. 우리나 우리 남편들이 어떤 형태로든 유혹을 받지 않을 거라고 생각한다면 어리석은 생각이다. 성경은 "사람의 눈도 만족함이 없느니라" 잠 27:20고 말한다.

그렇다면 시험은 언제든 닥칠 수 있기에 늘 조심해야 한다. 어떤 사람들은 술과 마약의 시험에 빠지며, 어떤 사람들은 부와 권력을 탐한다. 그런가 하면 거식증, 포르노, 부도덕한 성생활에 강한 유혹을 느끼는 사람들도 있다.

우리 영혼의 대적은 우리 육신의 가장 취약한 부분을 알고 있으며, 바로 그 부분을 통해 시험할 것이다. 문제는 시험거리가 있을 것이냐가 아니라, 시험이 왔을 때 어떻게 대처하느냐 하는 것이다. 나는 기도를 적극 권한다. 기도가 시험을 막아 주지 못할 수도 있지만, 기도하는 사람은 시험의 목소리에 보다 잘 견디며 결심을 더욱 굳게 할 수 있다. 기도는 올바른 선택을 할 수 있는 길을 마련해 준다.

성경에 따르면, 하나님은 우리를 시험하시지 않는다. 우리가 유혹에 이끌리는 것은 우리의 욕망 때문이다. 우리로 죄를 짓게 하고 삶을 파멸로 이끄는 것은 바로 우리의 정욕이다. 성경은 이렇게 말한다.

시험을 참는 자는 복이 있도다 이것에 옳다 인정하심을 받은 후에 주께서 자기를 사랑하는 자들에게 약속하신 생명의 면류관을 얻을 것임이니라 약 1:12

하나님은 우리를 축복하기 원하시므로 우리가 시험을 이겨내기를 원하신다. 하지만 그분은 과연 우리가 육신의 정욕을 물리치고 그분의 길을 선택할 수 있는지 보고자 하신다. 만일 우리가 하나님께 간절히 피할 길을 구하면 그분은 늘 그 길을 제시해 주실 것이다.

나쁜 일이 일어나기 전에 기도하는 것이 최선이다. 예수님은 제자들에게 "시험에 들지 않기를 기도하라"눅 22:40고 하셨다. 또 "마음에는 원이로되 육신이 약하므로"막 14:38 늘 깨어 있으라고 하셨다.

만일 남편이 어떤 문제 때문에 괴로워한다면 그가 경건한 기도 파트너들에게 솔직히 털어놓고 기도 지원을 받고자 하는 바람을 갖게 해주시라고 기도하라.

하나님과 신자들 앞에서 솔직히 고백하는 것은 시험하는 자의 힘을 극소화시키는 최선의 방법이다. 불행하게도 많은 남자들이 가장 큰 시험거리들을 드러내 말하기를 싫어하며, 그 결과 자신을 지켜 줄 수 있는 방책을 놓치고 만다.

설령 당신의 기도에도 불구하고 남편이 여전히 시험에 빠져 있다고

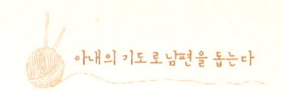

해도 자신을 비난하지 말라. 결단은 궁극적으로 그에게 달렸다. 그는 성령 안에서가 아니라 육신 안에서 행하는 쪽을 선택한 것이다.

> 너희는 성령을 좇아 행하라 그리하면 육체의 욕심을 이루지 아니하리라 육체의 소욕은 성령을 거스리고 성령의 소욕은 육체를 거스리나니 이 둘이 서로 대적함으로 너희의 원하는 것을 하지 못하게 하려 함이니라 갈 5:16-17

남편을 위한 기도를 멈추지 말라. 거듭해 시험에 빠지는 남편의 모습이 아무리 절망적으로 보일지라도, 하나님은 피할 길을 주시며 또한 남편이 그 길을 찾도록 돕기 위한 도구로 당신을 사용하실 수 있다. 만일 결혼 생활 중에 시험거리가 없다면 하나님께 감사드리며 그 상태가 지속되게 해주시라고 기도하라.

> "낮에와 같이 단정히 행하고 방탕과 술 취하지 말며 음란과 호색하지 말며 쟁투와 시기하지 말고 오직 주 예수 그리스도로 옷 입고 정욕을 위하여 육신의 일을 도모하지 말라" _롬 13:13-14

> "사람이 감당할 시험밖에는 너희에게 당한 것이 없나니 오직 하나님은 미쁘사 너희가 감당치 못할 시험당함을 허락지 아니하시고 시험당할 즈음에 또한 피할 길을 내사 너희로 능히 감당하게 하시느니라 _고전 10:13

Chapter 07

남편의 마음

모든 남자들에게는 자신의 삶에서 하나님이 바라시는 것을 서서히 약화시키려는 대적이 있다. 남편의 마음에 가해지는 거짓의 공격에 대항할 수 있는 가장 강력한 무기는 말씀과 찬양이다.

나는 남편이 겪는 마음의 갈등을 음악적 자질 탓으로 돌리곤 했다. 밝고 명랑하면서도 어둡고 침울한 예술가 기질에 대해서는 당신도 알 것이다. 남편이 침울해질 때면 자신이 실패할 거라는, 아무 소용이 없을 거라는 음성이 그의 마음속에서 들려온다. 그래서 그는 해야 할 일을 할 수 없게 된다. 사실 그것은 뚜렷한 근거도 없는 생각이다. 남편이 가장 생산적이고 성공적으로 일하고 있는 와중에도 그런 생각을 하기 때문이다.

남편이 겪어 온 마음의 갈등을 두고서 "원래 그는 그래."라는 식으로 말해서는 안 된다는 사실을 깨닫기까지는 오랜 시일이 걸렸다. 또한 그가 혼자 갈등하도록 내버려 두어서도 안 되었다. 남편과 내가 하나라면, 그의 마음에 가해지는 공격은 곧 나에 대한 공격이기도 했다. 나는 "이것은 내 남편의 삶 속에서 들려오는 하나님의 음성이 아니라 원수의 음성이다. 나는 남편의 마음과 우리 부부의 삶을 대상으로 벌어지는 이 심각한 전쟁을 그저 방관만 하지는 않을 것이다."라고 선포하

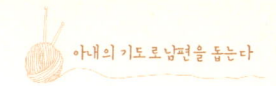

고 그 싸움에 동참했다.

나는 남편을 위해 "마귀의 궤계를"엡 6:11 대적하는 일에 직접 나서기로 결심했다. 성경은 "모든 기도와 간구로 하되 무시로 성령 안에서 기도하고 이를 위하여 깨어 구하기를 항상 힘쓰며 여러 성도를 위하여 구하라"고 말한다엡 6:18. "여러 성도"라는 범주 속에는 내 남편도 포함된다.

그 후 수개월 동안 남편을 위해 끈기 있게 기도했다. 결과는 놀라웠다. 남편이 마음의 생각을 더욱 잘 조절할 수 있게 되었을 뿐만 아니라, 마침내 나는 그의 마음속에 퍼부어지는 맹공을 알아채고서 그 진지가 구축되기 전에 기도로 대항할 수 있게 되었다. 내 기도가 응답되는 것을 더 많이 보면 볼수록, 남편은 거짓이 어디에서 오는지 더 많이 깨달았고 그 거짓을 믿으려는 생각을 덜 하게 되었다.

강연차 전국을 다니며 온갖 직업을 가진 여성들과 대화를 나누면서, 놀랍게도 이 문제가 참으로 보편적이라는 것을 알게 되었다. 사실 그 남편들의 기질이나 배경이 어떠한지는 중요한 것 같지 않았다. 그들의 마음속에는 같은 부류의 거짓이 자리 잡고 있었다.

나는 마침내 모든 남자들에게는 자신의 삶에서 하나님이 바라시는 것을 서서히 약화시키려는 대적이 있다는 것을 알게 되었다. 여성들에게도 그 대적이 있지만, 남자들은 특정 분야에 있어 그 대적의 공격에 더 쉽게 무너지는 것 같다. 심지어 정말 강한 남자도 탈진하거나, 주눅 들거나, 압박감에 시달리거나, 좌절하거나, 하나님의 임재로부터 벗어 나게 하는 일들에 사로잡힐 수 있다.

절대 이겨낼 수 없다고 믿게 하려는 원수의 함정을 그렇다고 해서 항상 분간해 내는 것은 아니다. 그의 마음은 '절망적', '전혀 좋지 않은', '실패', '불가능한', '끝장이다', '시도해 봤자 소용없다' 등의 단어들로 가득하다. 아내는 남편이 그러한 거짓을 분별해 내고, 그 대신 하나님께로 말미암는 '소망', '번영', '가능', '성공', '새로운 시작' 등의 단어들을 듣게 해주시라고 기도할 수 있다. 남편의 마음에 가해지는 거짓의 공격에 대항할 수 있는 가장 강력한 무기는 말씀과 찬양이다.

하나님의 말씀은 살았고 운동력이 있어 좌우에 날선 어떤 검보다도 예리하여 혼과 영과 및 관절과 골수를 찔러 쪼개기까지 하며 또 마음의 생각과 뜻을 감찰하나니 히 4:12

하나님 말씀을 언급함으로써 그릇된 생각을 드러낼 수 있고 그 생각은 힘을 잃고 말 것이다. 만일 남편이 스스로 그렇게 하려 하지 않는다면, 당신은 혼자 기도할 때나 남편과 함께 있을 때 하나님 말씀을 동원할 수 있다. 나는 남편을 위해 그렇게 한 적이 허다하며 그 효력에 대해

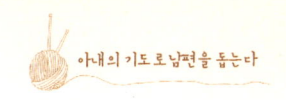

서는 그가 입증할 것이다. 나는 하나님이 우리에게 주신 것은 두려워하는 마음이 아니요 오직 능력과 사랑과 근신하는 마음임을 남편에게 상기시킨다딤후 1:7. 또한 남편이 항상 그 마음을 유지할 수 있도록 내가 기도하고 있다고 말해 준다.

찬양 또한 강력한 도구이다. 하나님께 예배드릴 때 하나님이 우리 가운데 거하시기 때문이다. 그분의 임재 속에서 우리는 치유와 삶의 변화를 경험한다.

하나님을 알되 하나님으로 영화롭게도 아니하며 감사치도 아니하고 오히려 그 생각이 허망하여지며 미련한 마음이 어두워졌나니 롬 1:21

당신은 허망한 생각이 남편의 마음을 어둡게 하는 것을 원치 않을 것이다. 남편의 건전한 마음을 위해 하나님을 찬양하라. 그리하면 남편이 어떤 마음을 품으며 어떤 마음을 억제할 것인지에 관해 보다 분명하게 생각할 수 있다.

억압, 괴로움, 분노, 두려움, 거부, 절망, 고독, 반역, 시험, 사악함 등 모든 병폐들이 마음에서 시작된다. 당신이 먼저 마음을 다스리지 못하면 이런 것들이 당신의 삶을 지배할 수 있다. 하나님이 우리의 생각을 모두 진리로 여기지 말라고 교훈하시는 것도 바로 이 때문이다. "내가

93

종일 손을 펴서 자기 생각을 좇아 불선한 길을 행하는 패역한 백성들을 불렀나니"사 65:2. 하나님은 우리가 자신의 생각을 깨닫기를 원하신다. "우리가 그리스도의 마음을 가졌느니라"고전 2:16.

우리 남편들이 그리스도의 마음을 지니며 모든 생각을 하나님의 통제 아래 둘 수 있도록 기도하자. 그럴 필요가 없는 사람이 어디에 있겠는가?

> "네 마음을 다하고 목숨을 다하고 뜻을 다하고 힘을 다하여 주 너의 하나님을 사랑하라"
> _ 막 12:30

> "우리가 육체에 있어 행하나 육체대로 싸우지 아니하노니 우리의 싸우는 병기는 육체에 속한 것이 아니요 오직 하나님 앞에서 견고한 진을 파하는 강력이라 모든 이론을 파하며 하나님 아는 것을 대적하여 높아진 것을 다 파하고 모든 생각을 사로잡아 그리스도에게 복종케 하니"
> _ 고후 10:3-5

Chapter 08

남편의 두려움

특별한 일을 위해 기도하도록 고무시키는 두려움과 우리를 무력하게 만드는 고통스러운 두려움 간에는 차이가 있다. 우리가 지녀야 할 유일한 두려움은 바로 주님을 두려워하는 것이다. 주님의 위로와 보호와 완전하신 사랑이 남편을 두르사 모든 두려움에서 그를 건져 주시라고 기도하라.

이 세상에는 두려운 것들이 많다. 그렇지 않다고 말하는 사람은 바보일 것이다. 두려움에 사로잡혀 삶을 지배당하면 그 두려움의 포로가 되고 만다. 남자들은 종종 두려움에 사로잡히기 쉽다. 자신도 모르는 사이에 "만일……이면 어쩌지?"라는 식의 두려움을 느끼기 때문이다.

"아내와 아이들에게 무슨 일이 생기면 어쩌지?"
"좋은 아빠가 되지 못하면 어쩌지?"
"내가 무능력해져서 가족을 부양하지 못하면 어쩌지?"
"성행위를 제대로 하지 못하면 어쩌지?"
"아무도 나를 존경하지 않으면 어쩌지?"
"사고를 당하면 어쩌지? 그러다 만일 내가 죽으면 어쩌지?"

두려움이 당신 남편을 사로잡아 시 48:6 그의 삶을 황폐화시킬 수도 있

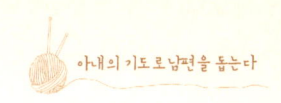

다시 78:33. 만일 남편이 "크게 두려워"눅 8:37 하고 있다면, 그 두려움이 그를 하나님이 원하시는 길에서 벗어나게 할 수도 있다.

결혼한 지 2년 째 되는 해에 마이클과 나는 잭 헤이포드 목사님 부부와 몇몇 교인들과 함께 이탈리아, 그리스, 이스라엘로 여행을 다녀왔다. 마이클은 여행할 때마다 초조하고 불안해 했다. 그리스에 도착했을 무렵 그는 심한 스트레스를 받고 있었다. 피곤한 며칠이 지난 어느 날 밤, 급기야 그가 "너무 고통스러워요. 더 이상 못 견디겠어요." 하고 말했다.

"도대체 무엇을 두려워하는 거예요?"

그의 대답은 이러했다.

"확실히 말할 수는 없지만, 좌우간 지금 즉시 집으로 돌아가지 않으면 내 삶의 모든 것이 떨어져 나갈 것만 같아요."

비록 늦은 시간이긴 했지만 나는 목사님 방으로 전화를 걸어 우리 부부는 아침에 떠날 거라고 말했다. 잠을 청할 시간이었음에도 불구하고 목사님은 곧바로 우리 방으로 와주었다. 마이클이 자신의 느낌을 솔직히 토로하자, 목사님은 다정하게 남편의 어깨를 감싸고서 그를 향하신 하나님 아버지의 사랑에 관해 이야기했다.

"하나님은 당신을 그분의 아들로 받아들이셨어요. 강하고 자애로우신 아버지와 함께 있을 때에는 두려워할 필요가 없습니다."

목사님은 마이클이 하나님 아버지의 사랑을 분명히 자각할 수 있게 해주시라고 기도했으며, 목사님도 자상한 사랑을 보여 주었다. 성령의 감동에 의한 간단한 사랑 표현이었지만 마이클에게는 강력한 계시로 작용했다. 덕분에 마이클은 두려움을 떨치고 끝까지 여행에 동참할 수 있었다. 그것은 참으로 효과적인 방법이었다.

나는 예루살렘에서 임신했고 9개월 후에 아들 크리스토퍼가 잭 목사님의 생일에 태어났다. 두려움의 지배에서 벗어날 때 우리 삶에는 의미심장한 일들이 일어난다.

특별한 일을 위해 기도하게 고무시키는 두려움과 우리를 무력하게 만드는 고통스러운 두려움 간에는 차이가 있다. 당신은 남편의 마음을 고무시키는 성령의 역사를 등한시하고 싶지 않지만, 파괴적인 두려움과 싸우는 남편은 당신이 도와주기를 원한다. 예수님은 말씀하셨다.

마땅히 두려워할 자를 내가 너희에게 보이리니 곧 죽인 후에 또한 지옥에 던져 넣는 권세 있는 그를 두려워하라 눅 12:5

우리가 두려워할 유일한 대상은 바로 주님이시다. 주님을 두려워할 때 하나님은 대적들로부터 구원하시며 왕하 17:39, 악으로부터 지키시며 잠 16:6, 당신을 주목하시고 시 33:18, 그분의 자비를 보이시며 눅 1:50, 부귀

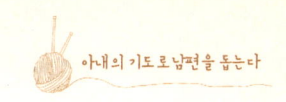

와 영예를 베푸시고잠 22:4, 필요한 모든 것을 제공하시며시 34:9, 알아야 할 필요가 있는 모든 것을 계시하시며시 25:14, 자손을 축복하시고시 103:17, 확신을 주시며잠 14:26, 만족스러운 삶과잠 19:23 장수를잠 10:27 허락하시고, 마음의 소원을 이루어 주실 거라고시 145:19 약속하신다.

또 어떤 것을 더 간구할 수 있을까? 주님의 위로와 보호와 완전하신 사랑이 남편을 두르사 모든 두려움에서 그를 건져 주시라고 기도하라.

"내가 사망의 음침한 골짜기로 다닐지라도 해를 두려워하지 않을 것은 주께서 나와 함께하심이라 주의 지팡이와 막대기가 나를 안위하시나이다" _시 23:4

"두려워 말라 내가 너와 함께함이니라 놀라지 말라 나는 네 하나님이 됨이니라 내가 너를 굳세게 하리라 참으로 너를 도와주리라 참으로 나의 의로운 오른손으로 너를 붙들리라" _사 41:10

Chapter 09

남편의 목적

당신 남편은 자신의 존재 이유를 알 필요가 있다. 자신의 삶이 단순한 우연이 아니라 계획에 따른 것임을 확신할 필요가 있다. 그는 자신이 위대한 목적을 위해 창조되었음을 확신해야 한다.

사람은 누구나 목적을 갖고 있다. 그것은 우리가 존재하는 이유이며, 우리 인생의 사명, 목표, 계획이다.

대체로 우리는 하나님께 영광을 돌리고 그분의 뜻을 행하기 위해 존재한다. 삶 속에서 어떻게 구체적으로 그 일을 실현하는가 하는 것은 개개인이 다르다.

당신 남편은 자신의 존재 이유를 알 필요가 있다. 자신의 삶이 단순한 우연이 아니라 계획에 따른 것임을 확신할 필요가 있다. 그는 자신이 위대한 목적을 위해 창조되었음을 확신해야 한다.

목적을 발견하고 자신에게 맡겨진 일을 수행하며 지음받은 뜻에 부합한 존재가 되어갈 때 그는 성취감을 얻을 것이다. 그렇게 되면 당신 역시 행복할 것이다.

30여 년의 결혼 생활 동안 배운 것이 있다면, 아내가 남편에게 어떤 존재가 되라고 강요할 수 없지만 그렇게 되도록 기도할 수는 있다는 점이다. 아내는 남편이 오직 하나님의 계획에 따르는 모습으로 변해

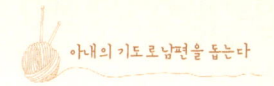

가게 해주시라고 기도할 수 있다.

그렇다면 그가 어떤 사람이 될 것인지는 자기 삶에 대한 하나님의 부르심에 귀를 기울이느냐의 여부에 의해 결정될 것이다. "하나님이 우리를 구원하사 거룩하신 부르심으로 부르심은 우리의 행위대로 하심이 아니요 오직 자기 뜻과 영원한 때 전부터 그리스도 예수 안에서 우리에게 주신 은혜대로 하시기" 때문이다 딤후 1:9. 당신 남편은 "모든 일을 그 마음의 원대로 역사하시는 자의 뜻을 따라" 예정을 입었다 엡 1:11. 하지만 여전히 당신은 남편이 하나님의 부르심에 귀 기울이며 그와 그가 하는 일이 하나님의 목적과 부합하게 해주시라고 기도드릴 수 있다.

어떤 사람이 하나님께 지음받은 목적대로 살지 않을 때 당신은 그것을 감지할 수 있다. 그의 불안이 느껴진다. 구체적으로 꼬집어 말할 수는 없어도 무엇인가 잘못되고 있다는 게 느껴진다. 반면 소명을 실현하며 지음받은 목적을 이루어가고 있는 사람 곁에 있으면, 그의 내적 방향과 확신과 깊은 안정성이 감지된다.

당신 남편의 삶에 대해서는 어떤 느낌을 받는가? 방향도 목적도 상실한 채 좌절의 길을 걷고 있어서 불안해 하고 있는가? 만일 그렇다면 이렇게 기도하라.

주님, 남편을 이 상태에서 벗어나게 해주소서. 그에게 주님의 소명을 알려주시고, 무엇을 해야 할지 밝히 보여 주소서.

이 기도는 남편이 현재 하고 있는 일에서 손을 떼고 다른 일을 찾아 나서게 해주시라고 간구하는 것이 아니다. 그런 변화도 있을 수 있겠지만, 대체로는 관점상의 변화가 일어난다.

비행기 제조 공장에서 수년간 일해 온 데이비드는 저소득층 가정의 어려운 십대들을 도우라는 하나님의 부르심을 받았다. 그 소명을 감당하기 위해서는 직장을 떠나지 말아야 한다는 것도 알게 되었다. 그는 직장 생활을 계속함으로써 가족을 넉넉히 부양할 수 있었고, 소명을 이루기 위한 시간도 확보할 수 있었다.

그는 궁핍한 가정들을 위한 급식 단체를 조직했고, 불우한 십대들을 위해 무료 음악회를 열었으며, 구원받지 못한 이들을 위해 기독교 봉사 활동을 주도하는가 하면, 비행 소년 그룹들간의 화해를 위해 대화의 장을 마련하기도 했다.

그는 싸움으로 찢긴 도시를 회복시키기 위해 누구 못지 않게 최선을 다했다. 쉬운 일은 아니었지만 성취감을 느낄 수 있었다. 또한 그는 분명한 목적 의식을 갖게 되었다. 비록 신체적으로는 거구가 아니었지만, 그는 영적 거인이었다. 데이비드의 아내 프리실라 역시 그의 소명

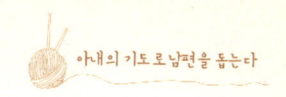

에 공감하며 자신이 할 수 있는 모든 방법으로 지원하고 있다.

하나님이 당신 남편을 어떤 일에 부르셨든 간에, 당신 역시 그 일을 지원하고 동참하도록 부르심받은 것이다. 기도, 격려, 구체적 도움 등 어떤 방식으로든 그를 지원해야 한다. 어떤 여성들은 남편을 위해 단란한 가정을 꾸미고 자녀를 양육하며 기도로 후원한다. 그런가 하면 남편의 적극적인 파트너나 조력자로 나서는 여성들도 있다.

어떤 경우든 간에 하나님은 그 과정에서 당신의 개성을 부인하도록 당신을 부르신 것이 아니다. 하나님은 당신에게도 소명을 주셨다. 하지만 그것은 당신 남편의 소명과 상충되는 것이 아니라 조화를 이룰 것이다.

하나님은 혼란이나 분쟁, 실행 불가능한 상황을 조성하시는 분이 아니시다. 그분은 완벽한 타이밍의 하나님이시다. 범사에 때가 있다고 성경은 말한다. 하나님께 온전히 순종할 때, 그분께 받은 소명을 완벽한 타이밍으로 실현시킬 수 있을 것이다.

남편이 이미 하나님께 받은 소명을 위해 목적 의식을 갖고 나아가고 있다면, 당신은 의심을 조장하는 그의 영혼의 대적을 경계할 수 있다. 당신의 기도는 남편이 낙심에 빠지지 않고 하나님의 계시에 집중하도록 도울 수 있다. 또한 목적 의식을 굳건히 하고 살아가게 할 수 있다.

"각각 하나님께 받은 자기의 은사가 있으니 하나는 이러하고 하나는 저러하니라"

_ 고전 7:7

"이러므로 우리도 항상 너희를 위하여 기도함은 우리 하나님이 너희를 그 부르심에 합당한 자로 여기시고 모든 선을 기뻐함과 믿음의 역사를 능력으로 이루게 하시고"

_ 살후 1:11

Chapter 10

남편의 선택

남자들은 대개 자신이 하는 일을 옳게 여긴다. 하지만 오직 하나님만이 참된 분별을 하실 수 있다. 남편에게 지혜를 주시라고 기도하라. 그를 판단하려 들지 말라. 판단할 수 있는 이는 오직 하나님뿐이시다. 당신이 할 일은 사랑하며 그를 위해 기도하는 것이다.

한번은 사업상 거래가 어느 정도 진전된 후에야 마이클이 이야기를 꺼냈다. 남편 생각이 근사하고 비전도 탁월하다고 생각했지만, 영 마음이 불편했다. 기도하면 할수록 더했다. 남편에게 그 이야기를 하자 남편은 방어적인 태도로 "당신은 내 결정을 신뢰하지 않는군요." 하고 말했다. 그는 어떤 반대 의견도 듣지 않겠다고 했다. 내가 의지할 것은 기도뿐이었다. 나는 하나님께 거듭거듭 아뢰었다.

남편의 생각은 근사합니다. 그의 생각대로 되기를 원합니다. 하지만 제 불안이 옳다면, 남편에게 진실을 알리사 거래를 중단하게 하소서.

계약서에 서명하기 직전에, 마이클은 상대방의 진의가 의심스러운 수많은 사건들이 갑자기 떠올랐다. 하나님의 계시를 통해 모든 것이 밝히 드러났고, 결국 거래가 취소되었다. 당시에는 그 사실을 받아들이기 힘들었지만, 그는 더 큰 아픔을 당하지 않게 된 것에 감사했다.

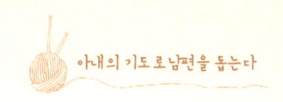

얼마 후 본서를 집필하면서, 나는 남편에게 내 기도가 어떤 점에서 가장 도움이 되었는지 물어 보았다. 그가 언급한 내용 중 하나는, 내 기도가 그로 하여금 좋은 선택을 하도록 도와주었다는 것이었다.

"내가 중요한 결정을 내려야 할 때 당신 기도는 내 눈을 열어 주었고, 그래서 좋지 않은 계약을 하지 않도록 막아 주었어요."

남자들은 대개 자신이 하는 일을 무조건 옳다고 생각한다는 점을 기억해야 한다. "사람의 행위가 자기 보기에는 모두 정직하여도"잠 21:2. 하지만 오직 하나님만이 참된 분별을 하실 수 있다. 그분은 우리가 지혜를 간구할 때 그것을 주실 수 있다. 지혜는 성공을 가져다 주며전 10:10, 우리로 하여금 경험을 통해 배우게 할 수 있다잠 15:31.

지혜의 반대는 어리석음이다. 성경은 어리석은 사람을 "자기의 마음을 믿는 자"라고 묘사한다잠 28:26. 그는 지혜를 멸시한다잠 23:9. 말하기만을 원하며 듣고 싶어하지 않는다잠 18:2. 다툼을 일으킨다잠 20:3. 이치를 따지려 들면 거만한 태도로 화를 낸다잠 14:16. 그는 자신의 행위에 따른 결과를 전혀 예측하지 못하기에 지혜로운 선택을 하지 못한다.

만일 당신 남편이 그런 사람이라면 그에게 지혜를 주시라고 기도하라. 만일 남편이 항상 그런 게 아니고 이따금 어리석은 행동을 한다면 그를 판단하려 들지 말라. 판단할 수 있는 이는 오직 하나님뿐이시다. 당신이 할 일은 사랑하며 그를 위해 기도하는 것이다.

여호와를 경외하는 것이 지혜의 근본이요 거룩하신 자를 아는 것이 명철이니라 잠 9:10

남편이 여호와를 경외하도록 당신이 기도를 시작하라. 그리고 나서 그가 경건한 조언을 받아들일 수 있도록 기도하라.

"복 있는 사람은 악인의 꾀를 좇지 아니하며" 시 1:1.

당신이 남편으로 하여금 지혜와 경건한 조언을 받아들일 수 있게 해 주시라고 계속 기도한다면, 설령 그가 나쁜 결정을 내릴지라도 당신은 할 일을 했다는 것에 위안을 받을 것이며 하나님도 그 점을 인정해 주실 것이다. 우리 삶의 너무도 많은 부분이 남편들의 결정에 영향을 받는다. 그들이 좋은 결정을 내리도록 기도하는 지혜로운 아내들이 되자.

"여호와를 경외하는 것이 지식의 근본이어늘 미련한 자는 지혜와 훈계를 멸시하느니라" _ 잠 1:7

"그때에 너희가 나를 부르리라 그래도 내가 대답지 아니하겠고 부지런히 나를 찾으리라 그래도 나를 만나지 못하리니 대저 너희가 지식을 미워하며 여호와 경외하기를 즐거워하지 아니하며 나의 교훈을 받지 아니하고 나의 모든 책망을 업신여겼음이라" _ 잠 1:28-30

Chapter 11

남편의 건강

우리는 기도할 뿐, 그 결과를 결정하시는 분은 하나님이시다. 원망하거나 불평하지 말고 하나님의 특권을 인정해야 한다. 남편의 건강을 위해 기도하되, 온전히 하나님의 손에 맡기라.

오래도록 마이클은 운동에 거의 신경을 쓰지 않았다. 과부가 되고 싶지 않다고 호소해 보기도 했지만 관심도 보이지 않았다. 그러던 어느 날 멋진 생각이 떠올랐다. 내 기도가 그의 삶의 여러 영역에 긍정적인 영향을 미쳤다면 이 문제도 그럴 거라는 생각이었다. 나는 '침묵하며 기도하는' 방법을 쓰기로 결심하고, 남편이 규칙적인 운동을 하겠다는 바람과 동기를 갖게 해주시라고 기도드렸다.

아무 변화도 없이 몇 개월이 지난 어느 날 아침, 건넛방에서 낯선 소리가 들려왔다. 소리를 따라갔다가 나는 깜짝 놀랐다. 남편이 러닝머신을 하고 있었다! 후에 남편이 진작 운동을 시작했더라면 더 좋았을 거라고 말했을 때, 나는 일부러 입을 꾹 다물었다. "내가 당신에게 몇 번이나 권했잖아요." 하고 말하고 싶었지만 그것마저 참았다. 지금까지도 남편은 내가 기도한 것을 모르고 있다.

남편의 나이나 컨디션이 어떻든 간에 그의 건강에 무관심해서는 안 된다. 남편이 스스로 건강 관리를 잘하게 해주시라고 기도하라. 만일

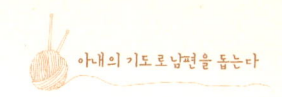

그가 아프면 치유를 위해 기도하라. 치유 기도가 응답되는 것을 너무도 많이 보았기 때문에, 나는 성경에 언급된 치유의 하나님께서 어제나 오늘이나 영원토록 동일하시다는 사실을 의심할 수가 없다.

나는 "여호와여……나를 고치소서 그리하시면 내가 낫겠나이다"렘 17:14라고 했던 예레미야와 같은 믿음을 갖고 있고, 예레미야에게 "내가 너를 치료하여 네 상처를 낫게 하리라"렘 30:17고 하셨던 하나님의 약속을 믿는다. 예수님은 우리의 연약한 것을 친히 담당하시고 병을 짊어지셨다마 8:17. 그분은 제자들에게 "더러운 귀신을 쫓아내며 모든 병과 모든 약한 것을 고치는 권능"마 10:1을 주셨다. 또한 "믿는 자들에게는 이런 표적이 따르리니 곧 저희가 내 이름으로 귀신을 쫓아내며……병든 사람에게 손을 얹은즉 나으리라"막 16:17-18고 하셨다.

내 생각에 하나님은 치유에 관심이 많으신 듯하며, 그것과 관련해 시간의 제한을 두지 않으신다. 오직 믿음에 의해 제한받을 뿐이다마 9:22.

80년대 중반, 남편의 몸에 몇 개의 혹이 생겼다. 의사는 암일지도 모른다고 했다. 두 번째로 찾아간 의사 역시 암일 수도 있다고 보고 조직검사를 했다. 결과를 기다리는 며칠 동안 마이클은 매우 염려했다. 후에 그는 암이 아니라는 사실이 밝혀지기까지 자신의 건강과 평안을 간구하는 내 기도가 자신을 잘 붙들어 주었다고 했다. 혹들은 제거했고, 그 이후로는 아무 문제 없이 지내오고 있다.

하지만 비록 우리가 믿음을 갖고 기도해도 결과와 타이밍은 오직 하나님의 결정에 달렸다. 그분은 "치유시킬 때"전 3:3가 있다고 말씀하신다. 치유를 위해 기도하는데 아무 효과가 없다 해도 낙심하지 말라. 하나님께서는 때로는 육체의 질병을 사용해 그분의 말씀에 귀 기울이게도 하신다. 계속 기도하되, 하나님의 결정에 맡기라.

누군가의 목숨을 구해 주시라고 기도할 때도 마찬가지이다. 우리는 그의 사망 시점을 단정적으로 말하지 못한다. 성경은 "죽을 때"전 3:2가 있다고 이른다. 그 "때"는 우리가 아니라 오직 하나님이 결정하신다. 우리는 순종하는 마음으로 그분의 결정을 받아들여야 한다.

우리는 기도할 뿐, 그 결과를 결정하시는 분은 하나님이시다. 원망하거나 불평하지 말고 하나님의 특권을 인정해야 한다. 남편의 건강을 위해 기도하되, 온전히 하나님의 손에 맡기라.

"이에 저희가 그 근심 중에서 여호와께 부르짖으매 그 고통에서 구원하시되 저가 그 말씀을 보내어 저희를 고치사 위경에서 건지시는도다" _ 시 107:19-20

"네 빛이 아침같이 비췰 것이며 네 치료가 급속할 것이며 네 의가 네 앞에 행하고 여호와의 영광이 네 뒤에 호위하리니" _ 사 58:8

Chapter 12

남편의 안전

원수가 우리 삶에 사고, 질병, 재난, 폭력, 파괴 따위를 야기
시키기 위해 어떤 함정을 설치해 두었는지는 오직 하나님
만이 아신다. 그 하나님은 "그를 의지하는 자의 방패"(잠 30:5)
가 되실 거라고 약속하신다.

싸움터에서 죽을 뻔했다가 기적적으로 살아난 후 나중에서야 바로 그 순간 누군가가 그를 위해 기도하고 있었음을 알게 된 이야기를 많이 들어봤을 것이다. 남편들은 매일 싸움터에서 지낸다. 어디에나 위험이 있다. 원수가 우리 삶에 사고, 질병, 재난, 폭력, 파괴 따위를 야기시키기 위해 어떤 함정을 설치해 두었는지는 오직 하나님만이 아신다. 안전한 곳은 극히 드물다(가정이 바로 그런 곳이다!). 그러나 하나님은 이렇게 말씀하셨다.

악인이 의인을 엿보아 살해할 기회를 찾으나 여호와는 저를 그 손에 버려두지 아니하시고 재판 때에도 정죄치 아니하시리로다 시 37:32-33

하나님은 "그를 의지하는 자의 방패" 잠 30:5 가 되실 거라고 약속하신다. 또한 우리가 누군가를 위해 믿음으로 기도할 때 하나님은 그 사람의 방패도 되어 주신다.

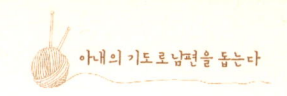

나는 남편과 아이들이 차를 타는 동안 안전하기를 항상 기도해 왔다. 그런데 어느 날 아침 마이클이 작은 아이를 학교에 데려다 주려고 집을 떠난 직후 그에게서 전화가 걸려 왔다.

"사고를 당했어요. 하지만 크리스토퍼와 난 무사해요."

곧장 현장으로 달려간 나는 수년간 기도해 온 대로 그들을 지켜 주신 하나님께 감사드렸다. 마이클의 자그마한 스포츠 카는 훨씬 큰 차와 충돌해 납작해진 채 콘크리트 벽에 처박혀 있었다. 남편의 차가 너무 심하게 파손되어서 나중에 보험회사에서는 폐차하는 것으로 결정 내렸다. 남편과 아들이 크게 다치지 않은 것은 오직 하나님의 손길이 지켜 주셨기 때문이었다. 안전벨트에 눌려 가슴과 어깨에 타박상을 입었지만, 사실 그런 상황에서라면 훨씬 더 심한 부상을 당하거나 심지어 목숨을 잃을 수도 있었다.

나는 주님이 가족의 안전을 간구하는 내 기도에 응답해 주신 것으로 굳게 확신한다. (지금도 나는 남편이 더 이상 스포츠 카를 구입하지 않게 해주시라고 간구하며 응답을 기다리고 있다.)

우리 기도 모임에서는 남편들이 비행기나 자동차, 일터나 혹은 거리에서 안전하도록 정기적으로 기도한다. 구체적인 위험들을 일일이 생각하지 않고 단지 위험으로부터 지켜 주시라고 간구드린다. 하나님은 이렇게 약속하신다.

117

저가 너를 위하여 그 사자들을 명하사 네 모든 길에 너를 지키게 하심이라 저희가 그 손으로 너를 붙들어 발이 돌에 부딪히지 않게 하리로다

시 91:11-12

하지만 경건한 이들에게도 갑작스럽고 예기치 못한 사고가 닥친다. 남편의 안전을 위해 지속적으로 기도해야 하는 것은 바로 그 때문이다. 싸움터에서 언제 그 기도가 필요할지 당신은 결코 알지 못한다. 그리고 만일 사고가 일어난다면, 당신은 하나님의 임재와 권능이 그런 상황에서 함께하시기를 간구했던 사실로 인해 위안을 얻을 것이다.

"여호와는 나의 반석이시요 나의 요새시요 나를 건지시는 자시요 나의 하나님이시요 나의 피할 바위시요 나의 방패시요 나의 구원의 뿔이시요 나의 산성이시로다 내가 찬송받으실 여호와께 아뢰리니 내 원수들에게서 구원을 얻으리로다"

_ 시 18:2-3

"내가 사망의 음침한 골짜기로 다닐지라도 해를 두려워하지 않을 것은 주께서 나와 함께하심이라 주의 지팡이와 막대기가 나를 안위하시나이다"   _ 시 23:4

Chapter 13

남편의 시련

시련이 닥칠 때 중요한 것은 마음 자세이다. 하나님을 비난한다면 상황은 더욱 악화될 것이다. 반면 하나님께 감사하고 찬양하며 시련에 대처한다면 그분은 모든 악조건에도 불구하고 좋은 결과를 약속하신다.

🌰 사람은 누구나 어려운 상황이 닥칠 때가 있다. 그것은 수치스러운 일이 아니다. 때로는 기도로 어려움들을 피하기도 하지만 그렇지 못할 때도 있다. 시련이 닥칠 때 중요한 것은 마음 자세이다. 만일 분노와 비통함에 가득 차서 계속 불평하며 하나님을 비난한다면 상황은 더욱 악화될 것이다. 반면 하나님께 감사하고 찬양하며 시련에 대처한다면, 그분은 모든 악조건에도 불구하고 좋은 결과를 약속하신다.

내 형제들아 너희가 여러 가지 시험을 만나거든 온전히 기쁘게 여기라 이는 너희 믿음의 시련이 인내를 만들어 내는 줄 너희가 앎이라 약 1:2-3

시련에 처한 남편을 위해 아내가 기도해도 어떤 상황은 호전되지 않을 수도 있다. 만일 우리가 아무것도 인내하지 못한다면 얼마나 천박하고 냉정하며 성급한 사람이 되겠는가? 하지만 기도는 그 와중에도 감사와 소망과 인내와 평안을 견지하는 적극적인 비전을 유지하도록 도와주며, 그릇된 반응에 따른 징벌을 당하지 않도록 지켜 준다.

내 친구 잰의 남편 데이브는 독거미에게 물려 죽을 고생을 했다. 독 때문에 새로운 신체적 문제들이 계속 발생했다. 1년 넘게 지속된 그 시련은 그들 부부에게 견디기 힘든 시간들이었다.

시련이 극에 달했을 때, 그들은 친지, 친구들, 교회를 떠나 다른 주로 이사했고, 엄청난 의료비 때문에 경제적 어려움까지 겪었다. 화를 내며 비통해 할 이유가 많았지만, 그들은 하나님께 기도하고 찬양하는 일을 결코 중단하지 않았다. 오직 그분만을 의지했다. 잰은 두려웠고 눈물도 엄청나게 흘렸지만, 데이브가 그 싸움에서 용기를 잃지 않고 강건하게 극복해 낼 수 있게 해주시라고 뜨겁게 기도했다.

하나님은 그들을 보호해 주셨고, 데이브는 회복되었다. 또한 그들은 주님 안에서 누구나 만나 보고 싶어하는 영적으로 부요한 사람들이 되었다. 음악 목사가 된 데이브는 현재 잰과 함께 매우 성공적으로 사역하고 있으며, 세 자녀 역시 하나님의 영광을 위해 탁월한 달란트를 활용하는 강건한 신자들로 자라났다. 나는 그들의 현재 모습이 굳건한 믿음으로 시련을 이겨낸 결과라고 확신한다.

우리가 감지하든 못하든 간에, 하나님을 섬길 때 가장 험난하고 고독하며 고통스럽고 절망적인 순간에도 그분의 사랑이 매순간 우리와 함께하신다. 우리가 기도하며 주님께 의탁할 때, 그분은 항상 우리 가운데 계시고 모든 것이 합력하여 선을 이루게 하신다 롬 8:28.

종종 하나님이 시련을 허락하시는 목적은, 겸손해져서 완고하고 교만한 내적 자아가 깨지게 하시며, 자애롭고 인내하며 영적으로 강건해 하나님께 영광 돌리는 사람으로 성장해 가도록 하시기 위함이다. 하나님은 시련을 활용하셔서 그분이 우리를 사랑하시고 돌보심을 우리로 믿게 하시며, 그리하여 힘든 시기를 능히 극복하게 하신다.

돌이켜 보건대, 우리 부부는 시련을 헤쳐나갈 때마다 하나님 안에서 믿음이 더욱 깊어지는 경험을 했다. 비록 당시에는 견디기 힘들고 고통스러웠지만, 힘든 순간들을 기도로 극복하면서 믿음이 성장했고 하나님과의 동행도 깊이가 더해졌다. 서로에 대한 사랑도 깊어졌다.

만일 남편이 힘든 시기를 헤쳐 나가고 있다면 위하여 기도하되 짐을 대신 지지는 말라. 당신이 그렇게 하면 남편이 나약함이나 실패감을 느낄 것이다.

게다가 하나님은 당신이 남편의 일을 대신 하기를 원하시지 않는다. 당신이 남편에게 성령의 역할을 하는 것을 원하시지 않는다. 힘들어하는 남편이 안타깝겠지만 당신이 직접 개입해서는 안 된다.

당신은 기도와 격려로 지원할 수 있다. 하나님은 나름의 목적을 위해 시련을 사용하신다. 당신은 그저 그분의 방법을 지켜 보아야 한다.

금전적 압박, 질병, 장애, 실직, 자녀 문제, 부부싸움, 천재지변, 가정

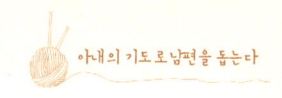

의 재난, 왜곡된 인간관계 등으로 중압감에 시달릴 때, 성령께 그 상황에 개입하사 변화시켜 주시라고 간구하라. 남편에게 보다 큰 비전을 상기시키라. 그처럼 어려운 상황에 올바르게 반응한다면, 우리의 고난은 우리를 통해 드러날 하나님의 영광과 비교하면 아무것도 아니다.

> 생각건대 현재의 고난은 장차 우리에게 나타날 영광과 족히 비교할 수 없도다 롬 8:18

남편을 격려해 "내게 능력 주시는 자 안에서 내가 모든 것을 할 수 있다!"고 고백하게 하라 빌 4:13. 남편이 현재 일이나 장래 일이나 그 어떤 것도 그를 하나님의 사랑에서 끊을 수 없다는 사실을 확신하게 되기까지 더욱더 하나님께 가까이 나아갈 수 있게 해주시라고 기도하라.

> 내가 확신하노니 사망이나 생명이나 천사들이나 권세자들이나 현재 일이나 장래 일이나 능력이나 높음이나 깊음이나 다른 아무 피조물이라도 우리를 우리 주 그리스도 예수 안에 있는 하나님의 사랑에서 끊을 수 없으리라 롬 8:38-39

아무것도 우리를 하나님의 사랑에서 끊을 수 없다면, 아무리 나쁜 일이 닥쳐도 남편은 늘 소망을 가질 수 있다. 시련은 순전케 하는 불이요 정결케 하는 물일 수 있다. 누구도 남편이 불타거나 익사하는 것을 원치 않을 것이다. 다만 그가 정련되고 새로워지기를 원할 뿐이다.

끝까지 견디는 자는 구원을 얻으리라 마 24:13

이 모든 일에 우리를 사랑하시는 이로 말미암아 우리가 넉넉히 이기느니라 롬 8:37

믿음 안에 굳건히 서서 시련의 열기로부터 구해 주실 하나님의 응답을 기다리는 것은 당신 남편의 결단에 달려 있다.

"나는 하나님께 부르짖으리니 여호와께서 나를 구원하시리로다 저녁과 아침과 정오에 내가 근심하여 탄식하리니 여호와께서 내 소리를 들으시리로다 나를 대적하는 자 많더니 나를 치는 전쟁에서 저가 내 생명을 구속하사 평안하게 하셨도다……네 짐을 여호와께 맡겨 버리라 너를 붙드시고 의인의 요동함을 영영히 허락지 아니하시리로다" _ 시 55:16-18, 22

Chapter 14

남편의 성실

성실은 마음에서 나온다. 그러므로 성실한 사람이 된다는 것은 당신 남편 스스로 선택할 문제이다. 하지만 당신은 그를 유혹하고 눈을 멀게 하며 올바른 결정을 못하도록 훼방하는 원수와 싸우는 남편을 기도로 도울 수 있다.

'성실'이란 사람들의 눈을 의식해 가장한 모습이 아니라 아무도 보고 있지 않을 때의 모습이다. 어떤 일이 일어나더라도 결코 그 이하로 떨어지지 않는 도덕성이다. 높은 수준의 정직, 진실, 예의, 도의심이다. 또한 다른 이들에게 받기 원하는 대로 그들을 위해 행하는 것이다.

성실한 사람은 진실 그대로 말한다. 속마음을 알 수 없게끔 말장난을 하지 않는다. 옳은 것은 옳다 하고 아닌 것은 아니라 한다. "이에서 지나는 것은 악으로 좇아 나기" 때문이다 마 5:37. 그는 모두를 기쁘게 하기 위해 이중적인 입장을 취하지 않는다. 그의 목표는 오직 하나님을 기쁘시게 하고 옳은 일을 행하는 것이다. 사람 중에서 높임을 받지만 하나님 앞에서는 미움을 받을 수도 있다 눅 16:15.

성실한 사람은 "그 마음에 서원한 것은 해로울지라도 변치 아니한다"시 15:4. 설령 대가를 치르더라도 자신의 말을 지킨다. 그는 적당히 타협하지 않는다. 무엇보다도 그는 진실하다. 그의 정직성은 신뢰할

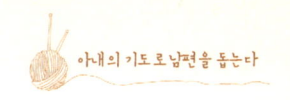

수 있다.

"바른 길로 행하는 자는 걸음이 평안"하다 잠 10:9. 그의 성실성이 그를 인도해 하나님 존전으로 이끌기 때문이다 시 41:12.

내 남편은 자신이 그릇되다고 믿는 일들에 단호히 맞서는 성실한 사람이다. 그 때문에 종종 큰 대가를 치른다. 나는 그가 옳은 일을 하게 해주시라고 항상 기도해 왔다. 그가 나 없이는 옳은 일을 행치 않기 때문이 아니었다. 나 없이도 그는 분명 그렇게 했을 것이다. 하지만 내 기도는 그가 반대에 직면했을 때 그를 지원했고, 굳건히 반대를 이겨낼 수 있도록 그를 도와주었다.

성경은 "완전히 행하는 자가 의인이라 그 후손에게 복이 있느니라" 잠 20:7고 말한다. 내 아이들이 인식하든 않든 간에 그들은 높은 도덕적 성실성을 견지한 아버지의 철저한 원칙을 유산으로 물려받을 것이다. 남편의 성실성으로 인해 아이들이 축복을 누릴 것이다. 나는 아이들 역시 자녀들에게 그 유산을 물려 주게 해주시라고 기도한다.

성실은 마음에서 나온다. 그러므로 성실한 사람이 된다는 것은 당신 남편 스스로 선택할 문제이다. 하지만 당신은 그를 유혹하고 눈을 멀게 하며 올바른 결정을 못하도록 훼방하는 원수와 싸우는 남편을 기도로 도울 수 있다. 심지어 그가 올바른 선택을 할 때에도 그의 내면 한 켠에서는 그 선택에 부정적인 반응을 보일 것이다. 당신의 기도는 그를 의심하고 흔들리게 만드는 모든 것들로부터 남편을 지켜 줄 수 있으며 올바르게 행하도록 그에게 힘을 보태 줄 수 있다.

"여호와께서 만민에게 심판을 행하시오니 여호와여 나의 의와 내게 있는 성실함을 따라 나를 판단하소서"　_ 시 7:8

"내가 나의 완전함에 행하였사오며 요동치 아니하고 여호와를 의지하였사오니 여호와여 나를 판단하소서"　_ 시 26:1

"성실히 행하는 가난한 자는 사곡히 행하는 부자보다 나으니라"　_ 잠 28:6

Chapter 15

남편의 명성

명성은 가볍게 여길 만한 것이 아니다. 재물보다는 명예를 택해야 한다. 자신의 명성을 소중히 여기지 않는 사람은 언젠가는 신용을 얻고 싶어도 얻지 못할 수 있다.

좋은 평판은 깨지기 쉽다. 급속한 통신 기술과 대중매체가 발달한 오늘날에는 특히 그러하다. 어떤 사람이 나쁜 시점에 나쁜 장소에 있는 것만으로도 그의 삶에 타격을 입을 수 있다.

명성은 가볍게 여길 만한 것이 아니다. 많은 재물보다는 명예를 택해야 한다잠 22:1. "아름다운 이름이 보배로운 기름보다" 낫다전 7:1. 명성을 소중히 여기지 않는 사람은 언젠가 신용을 얻고 싶어도 얻지 못할 수 있다.

명성은 그릇된 행실이나 교제하는 사람들 혹은 험담에 의해 손상을 입을 수 있다. 세 경우 모두 악이 결부되어 있다. 불운한 소송 사건, 신랄한 험담, 불과 15분 정도의 악평이 일생토록 쌓아 올린 공든 탑을 무너뜨릴 수 있다. 기도만이 우리의 방패가 된다.

내 남편이 명성과 관련해 가장 곤란을 느낀 것은 자신이나 다른 누군가가 사실과 다른 어떤 말을 한 것으로 신문에 잘못 실렸을 때였다. 그런 일이 얼마나 큰 손상을 입힐 수 있는지 잘 알고 있었기 때문에, 우리

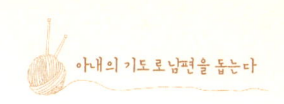

는 그릇된 보도에 가장 민감하다고 생각되는 이들에게 전화를 걸어 진상을 설명했다. 하지만 우리와 연관된 모든 이들에게 일일이 전화할 수는 없었다. 그래서 우리 전화를 받은 사람들 선에서 그 일이 정리되도록 하나님이 조용히 매듭지어 주시라고 기도드렸다.

역시나 한 번 지펴진 악소문의 불은 삽시간에 번졌다. 소문은 멀리까지 퍼져 우리를 위협했다. 그나마 우리가 보호를 받은 것은 우리 기도에 응답하신 하나님의 권능 덕분이었다.

성경은 이르기를 현숙한 아내의 남편은 존중을 받는다고 한다. 그는 "그 땅의 장로로 더불어 성문에" 앉는다 잠 31:23. 현숙한 아내를 둔 남편마다 자연히 명성을 보장받을까? 아니면 아내가 남편을 위해 무언가를 해야 할까? 남자가 선한 아내를 얻은 것만으로도 어느 정도 존중받는 것은 사실이지만, 나는 아내가 할 수 있는 일들 중 하나가 바로 남편과 그의 명성을 위해 기도하는 것이라고 믿는다.

남편의 명성을 위한 기도는 지속적으로 해야 한다. 하지만 남편에게는 자유 의지가 있다. 그가 성령의 인도하심에 민감하지 않다면 여전히 자신의 방식을 고집해 문제에 빠질 수도 있다. 만일 남편의 명성을 더럽힐 만한 일이 일어난다면, 그 상황을 모면케 해주시라고 또 그로 인해 선한 결과가 나타나게 해주시라고 간구하라. 하나님은 충분히 그렇게 하실 수 있다.

"너는 급거히 나가서 다투지 말라 마침내 네가 이웃에게 욕을 보게 될 때에 네가 어찌할 줄을 알지 못할까 두려우니라 너는 이웃과 다투거든 변론만 하고 남의 은밀한 일은 누설하지 말라 듣는 자가 너를 꾸짖을 터이요 또 수욕이 네게서 떠나지 아니할까 두려우니라" _ 잠 25:8-10

"누가 능히 하나님의 택하신 자들을 송사하리요 의롭다 하신 이는 하나님이시니 누가 정죄하리요 죽으실 뿐 아니라 다시 살아나신 이는 그리스도 예수시니 그는 하나님 우편에 계신 자요 우리를 위하여 간구하시는 자시니라 _ 롬 8:33-34

Chapter 16

남편의 우선 순위

남편이 항상 하나님을 첫 번째로, 당신을 두 번째로, 자녀들을 세 번째로 우선 순위를 두게 해주시라고 기도하라. 그리하면 그의 삶 가운데 어떤 일이 진행되든지 간에 그의 우선 순위가 질서를 유지할 것이며, 당신 부부 모두를 위해 더 큰 평안과 행복이 기다리고 있을 것이다.

남자들의 우선 순위는 각양 각색이다. 그러나 모든 아내는 남편의 우선 순위 목록에서 자신이 하나님 다음이어야 한다고 생각한다. 하지만 그렇다면 아내의 우선 순위 역시 그 순서를 유지해야 한다. 즉, 당신이 남편의 우선 순위에서 그의 일, 자녀, 친구들, 여러 활동들보다 앞에 위치하고 싶다면, 당신 역시 남편을 최우선 순위에 두어야 한다. 당신의 삶에서 하나님 다음으로 남편이 우선시되지 않는다면, 당신 남편 역시 그렇게 할 마음을 덜 가질 것이다.

이 우선 순위를 유지하기는 쉽지 않다. 자녀들이 어릴 때는 특히 그렇다. 아이들은 당신이 직접 돌봐주어야 한다. 하지만 남편은 스스로를 돌볼 수 있다. 설령 어린 자녀들이 없다고 해도 일, 친구, 여러 관심사에 마음을 빼앗길 수도 있다. 그러다 보면 남편은 목록 하단으로 처지기 쉽다. 혹은 적어도 남편이 그런 느낌을 받게 되기 쉽다.

다행스럽게도 우선 순위가 시간의 양에 달려 있지는 않다. 만일 얼마나 시간을 투자하느냐에 달려 있다면, 주 40시간 일하는 사람은 하루

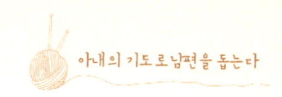

에 최소한 8시간씩 기도하지 않는 한 하나님보다 일을 더 우선하는 셈이 될 것이다. 또한 아내는 아이들을 방치하지 않는 한 자녀들에게 할애하는 만큼의 시간을 남편에게 할애할 방법이 없을 것이다.

보다 중요한 것은 남편을 위해 얼마나 시간을 할애하느냐가 아니라 남편이 자신이 우선시되고 있다는 느낌을 갖게 하는 시간을 갖는 것이다. 단지 아침에 미소를 띠고 남편을 포옹하는 것만으로도 그가 당신에게 중요한 존재임을 느끼게 할 수 있다. "오늘 당신을 위해 내가 해야 할 일이 있나요?" 하고 물어 보는 것도 좋은 방법이다. 또한 당신이 그를 위해 기도하고 있음을 알려주고, 특별히 기도할 내용이 무엇인지 물어 보라. 당신이 하고 있는 여러 가지 일들을 남편과 점검하는 것도 그가 당신에게 우선시되고 있음을 확신케 해주는 방법이다.

우선 순위는 마음의 태도와 관계 있다. 가끔 밖에서 데이트를 즐기거나 집에서 둘만의 시간을 갖는 것도 남편에게 우선 순위를 두고 있음을 알리는 방법이다. 남편에게 더 많은 사랑을 받고 싶다면 그를 더 많이 사랑하라. 그렇게 하면 항상 효과가 있을 것이다. 기도를 병행한다면 그 효과는 더욱 커질 것이다.

만일 당신이 남편을 최우선 순위에 두기 위해 요구되는 일들을 할 시간과 힘이 없다고 느낀다면, 하나님께 도움을 청하라. 그리하면 그분이 우선 순위를 바로잡아 주실 것이다. 스케줄이 너무 빡빡해 하나님과 함께하며 그분의 권능에 의지할 시간조차 없다면, 우선 순위를 고치고 스케줄도 새로 짜라.

사업하는 사람들은 종종 급작스럽게 성공한다. 그럴 때는 더 큰 성공, 더 큰 힘, 더 큰 부를 얻고자 하는 욕망이 생기기 쉽다. 이들이 자신의 우선 순위를 올바로 유지하고자 각별히 노력하지 않으면 자만심에 사로잡히고 만다. 그들은 과음하게 되고, 하나님과 가족과 교회와 친구들을 대수롭지 않게 여긴다. 그 상태에서 돌이키기는 쉽지 않다. 남편들이 조금이라도 그렇게 되는 것은 원치 않을 것이다.

남편이 항상 하나님을 첫 번째로, 당신을 두 번째로, 자녀들을 세 번째로 우선 순위에 두게 해주시라고 기도하라. 그리하면 그의 삶 가운데 어떤 일이 진행되든지 간에 그의 우선 순위가 질서를 유지할 것이며, 당신 부부 모두를 위해 더 큰 평안과 행복이 기다리고 있을 것이다.

"주 너의 하나님께 경배하고 다만 그를 섬기라"   _마 4:10

"또 천국은 마치 좋은 진주를 구하는 장사와 같으니 극히 값진 진주 하나를 만나매 가서 자기의 소유를 다 팔아 그 진주를 샀느니라"   _마 13:45-46

Chapter 17

남편의 인간관계

의인은 친구를 신중하게 선택해야 한다. 악인이 나쁜 길로 인도할 수 있기 때문이다. 그리스도인들과 교제하는 일이 중요한 것도 바로 이 때문이다. 가능한 한 신앙심 깊은 사람들을 가까이하라.

고립은 건전하지 않다. 누구나 그를 올바른 길로 매진하게 해줄 선한 사람들의 영향력이 필요하다. 모든 부부들은 최소한 두 쌍 이상의 신실한 믿음의 부부들과 격려와 교제를 나눠야 한다. 그런 사람들과 가까이 지내면 덕성이 함양되며 풍성하고 균형 잡힌 성취감을 느끼는 삶을 살 수 있다. 또한 일이 잘못되어 갈 때에도 건전한 시각을 유지할 수 있다. 다른 사람들의 적극적이고 긍정적인 모습을 닮는 것은 결혼 생활에서 가장 필요한 일이다.

언젠가 마이클과 나는 저녁 식사를 같이하기로 한 부부의 집으로 떠나기 직전에 말다툼을 했다. 가는 동안 차 안에서는 침묵만 흘렀다. 나는 어떻게 하면 초대해 준 부부에게 불쾌감을 주지 않고 그날 저녁을 무사히 보낼 수 있을까만 생각했다.

하지만 그 집에 도착했을 때 그들 부부에게서 느껴진 온정과 사랑과 경건함은 우리의 기분마저 누그러뜨렸다. 이내 우리는 다퉜던 일을 잊어버린 채 웃고 한담을 나누며 멋진 시간을 보냈다. 그들 부부는 "어떻

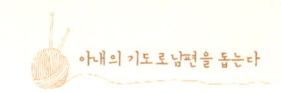

게 하든 재미있는 시간을 보내야 한다."는 식의 파티 기분에 젖어 있었던 것이 아니다. 그들은 언제나 기뻐하는 마음을 지니고 있었고, 그것이 우리에게도 영향을 미쳤다.

반대의 경우도 더러 있었다. 냉냉했던 부부가 저녁 식사 초대를 받아 우리 집에 왔다가 평안한 마음으로 돌아갔다. 심지어 어떤 부부는 우리 집에 도착하기 직전(저녁 준비가 완료된 시각에) 전화를 걸어, 말다툼을 했는데 식사를 망칠 것 같아 그냥 돌아가겠다고 했다. 나는 그들에게 우리도 똑같은 경험을 한 적이 있어서 그 심정을 충분히 이해하지만 와줬으면 좋겠다고 했다. 설령 밤새 아무 말 없이 앉아 있게 되더라도 오라고 권했다. 어느 정도 긴 설득 끝에 결국 그들은 왔고, 매우 즐거운 저녁 시간을 보냈다. 우리는 지난 일을 얘기하며 웃었고, 그들은 손을 맞잡고 돌아갔다.

주님을 사랑하는 경건한 이들과 좋은 벗이 되는 것은 우연히 되어지는 일이 아니다. 우리는 그런 사람들이 우리 삶에 들어오게 해주시라고 기도해야 하며, 그런 사람들을 만났을 때는 지속적인 기도로 관계를 유지해야 한다.

또한 우리는 나쁜 영향력들을 멀리할 수 있도록 기도해야 한다. 성경은 "믿지 않는 자와 멍에를 같이하지 말라"고후 6:14고 했다. 이는 그리스도인이 아닌 사람들과는 결코 어울리지 말아야 한다는 뜻이 아니다.

주님을 알고 사랑하는 이들과 더불어 가장 친밀하고 영향력을 주고받을 수 있는 관계를 맺어야 한다는 뜻이다.

의인은 친구를 신중하게 선택해야 한다. 악인이 나쁜 길로 인도할 수 있기 때문이다. 그리스도인들과 교제하는 일이 중요한 것도 바로 이 때문이다. 가능한 한 신앙심 깊은 사람들을 가까이하라.

남편이 경건한 친구들을 사귀게 해주시라고 기도하라. 그가 그런 사람들을 찾으면 비판을 자제하고 그들과 함께 시간을 보내게 하라. 그 친구들이 그를 정결케 해줄 것이다.

기름과 향이 사람의 마음을 즐겁게 하나니 친구의 충성된 권고가 이와 같이 아름다우니라……철이 철을 날카롭게 하는 것같이 사람이 그 친구의 얼굴을 빛나게 하느니라 잠 27:9, 17

물론 그 영향이 도가 지나칠 정도라면 균형이 잡히도록 기도하라.

아이들이 태어난 후 마이클은 주중에는 밤낮으로 일했고 주말이면 친구들과 골프를 치거나 야구나 축구 경기를 즐기느라 정신이 없었다. 그 때문에 신랄한 말다툼이 여러 차례 벌어졌지만, 그의 마음을 가정으로 향하게 해주시라고 기도드리기 전까지는 아무런 변화도 일어나지 않았다. 하나님은 내가 생각지도 못한 방법으로 역사해 주셨다.

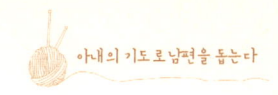

흔히 남자들은 여자들에 비해 가까운 친구를 사귀는 경우가 드물다. 경력에 도움이 되는 쪽에 주로 시간을 할애하기 때문이다. 여자들과는 달리 남자들은 대개 친근한 우정을 쌓기 위해 필요한 단계들을 밟으려 하지 않는다. 기도 효과가 나타날 수 있는 부분이 바로 이 부분이다. 비록 남편이 불신자라고 해도 경건한 친구들을 사귀게 해주시라고 기도하라.

친하게 지내는 한 친구의 남편은 주님을 모른다. 우리는 그가 경건한 친구들을 사귀고 일터에서도 그리스도인들과 만나게 해주시라고 여러 차례 기도했다. 하나님은 많은 그리스도인들을 그의 삶에 보내 주셨고, 우리는 주님이 그를 어떻게 에워싸시는지에 관해 말하면서 웃곤 한다.

남편의 모든 인간관계를 위해 기도하라. 그에게는 부모, 형제, 자매, 숙모, 삼촌, 조카, 동료, 이웃 등과의 좋은 관계가 필요하다. 그의 용서하지 못하는 마음으로 인해 관계들이 손상되지 않게 해주시라고 기도하라. 용서하지 못하는 마음으로 고통당하는 남편의 모습은 보기에도 좋지 않다.

"새 계명을 너희에게 주노니 서로 사랑하라 내가 너희를 사랑한 것같이 너희도 서로 사랑하라 너희가 서로 사랑하면 이로써 모든 사람이 너희가 내 제자인 줄 알리라" _ 요 13:34-35

"서로 돌아보아 사랑과 선행을 격려하며 모이기를 폐하는 어떤 사람들의 습관과 같이 하지 말고 오직 권하여 그날이 가까움을 볼수록 더욱 그리하자"

_ 히 10:24-25

"저가 빛 가운데 계신 것같이 우리도 빛 가운데 행하면 우리가 서로 사귐이 있고"

_ 요일 1:7

Chapter 18

남편의 부권

좋은 아버지가 되는 최선의 방법은 하나님 아버지를 알고 그분을 본받는 것이다. 주님 앞에서 더 많은 시간을 보내고 그분을 더 많이 닮아 갈수록 자녀들에게 더 좋은 영향을 미칠 것이다.

내가 남편에게 가장 두려워하는 것을 말해 보라고 하자, 그가 언급한 것 중 하나는 좋은 아버지가 되지 못하면 어쩌나 하는 두려움이었다.

"그건 남자들이 일반적으로 느끼는 두려움이라고 생각해요. 일에 너무 집중해서 자녀들을 소홀히 하고 있지는 않은지 걱정을 떨쳐 버리지 못하는 것 같아요. 자녀들을 충분히 보살피지 못했다거나 무엇인가를 빠트리고 있다는 두려움 말이에요. 십대 자녀를 둔 아버지들은 더욱 심각할 거예요. 우리는 구세대로 취급하기 때문에 아이들과 제대로 대화할 수 없을 거라는 두려움을 느끼죠."

나는 남편의 생각에 공감했고, 좋은 아버지가 되도록 그를 위해 기도하기로 결심했다. 나는 내 기도가 능력이 있었다고 믿는다. 남편이 아이들에게 보다 인내심을 보였고, 자신의 양육법에 대해 덜 불안해 했기 때문이다. 남편은 점점 더 마음이 편해졌고 아이들과 잘 어울리게 되었다. 아이들을 징계해야 하는 상황에서도 죄책감에 시달리거나 분

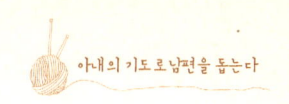

통을 터트리는 일이 적어졌고, 보다 설득력 있는 태도로 아이들에게 지혜를 깨우쳐 줄 수 있었다. 이제 그는 우리 아이들에게 나타나는 결함이 반드시 아버지인 자신의 탓은 아님을 알고 있다.

자신이 부적합하며 실패할 거라는 생각 때문에 포기하거나 방치하거나 풀이 죽거나 자녀들에게 소극적인 아버지들이 많다. 다른 영역에서 이미 실패를 맛본 경우에는 더 그러하다.

물론 자신이 부적합하다고 느끼는 어머니들도 많다. 하지만 극심한 혼란에 빠져 있지 않는 한, 아이를 방치하거나 무시하거나 상하게 하는 어머니는 없을 것이다. 여성은 임신하는 그 순간부터 아이를 위해 온갖 정성을 다 기울인다. 어머니들은 태아를 자궁 속에서 키우고 신생아를 양육하며 자라가는 아이를 인도하고 가르치며 사랑한다. 그러나 아버지들은 그런 특권을 누리지 못하다 보니 처음부터 어느 정도 소외감을 느낀다. 대부분의 시간과 에너지를 일에 할애하고 있다면 소외감은 한층 더 심해질 것이다.

우리의 기도는 바로 이런 상황을 타개하는 데 도움이 된다. 당신이 올바로 생각하지 못할 때 당신을 위해 기도했던 누군가를 기억하는가? 그들의 기도 후에 당신이 분명한 비전을 얻게 되었던 기억이 있는가? 내게는 그런 경험이 무수히 많다. 우리가 남편의 자녀 양육 문제를 위해 기도할 때에도 이런 일이 생길 수 있다. 만일 남편이 의구심에 시달리며 책임감에 짓눌린다면, 우리는 기도로 그런 감정들을 최소화시킬 수 있다. 기도는 그로 하여금 좋은 아버지가 되는 법에 관해 분명한 시각을 갖도록 도와준다. 그리고 자녀 양육에 대한 도전들과 관련해 성령의 인도를 받도록 도와준다.

남편은 자신의 아버지 역할과 관련해 내 기도가 큰 능력을 발휘했던 경우들을 기억하고 있었다.

아들 크리스토퍼가 일곱 살 가량이었을 때, 그 아이가 거짓말을 하고 있다는 걸 알게 되었다. 어떻게든 그 문제를 해결해야 했는데, 우리는 아이가 스스로 뉘우쳐서 실토하기를 원했다. 하지만 그 순간에는 우리 둘 다 어떻게 해야 할지 알 수 없었다. 마이클은 아이에게 적절히 훈계하고 싶었지만 그 방법을 몰랐다. 그래서 내게 기도를 부탁했다.

내가 기도하는 동안 남편은 분명한 지침을 발견했다. 크리스토퍼가 지켜 보는 가운데, 마이클은 삼각형을 그리고 각 꼭지점에 사탄, 하나님, 크리스토퍼를 썼다. 그러고 나서 크리스토퍼를 향한 사탄의 계획과 하나님의 계획을 설명했다. 거짓말은 사탄의 계획에 속한 것인데 크리스토퍼가 지금 그 계획을 따르려 한다고 했다. 또한 사탄의 계획을 따르게 되면 결국 어떻게 되는지 상세하게 묘사하면서, 그렇게 되면 결국 하나님으로부터 벗어나 버리게 된다고 덧붙였다.

설명을 다 들은 크리스토퍼는 울음을 터뜨리며 진심으로 회개하는

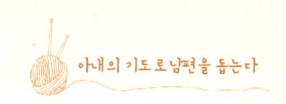

마음으로 거짓말을 실토했다. 마이클은 만일 하나님께 영감을 받지 않았다면 아들의 내면 깊숙이 자리 잡은 문제에 제대로 대처할 수 없었을 거라고 했다.

좋은 아버지가 되는 최선의 방법은 하나님 아버지를 알고 그분을 본받는 것이다. 주님 앞에서 더 많은 시간을 보내고 그분을 더 많이 닮아 갈수록 자녀들에게 더 좋은 영향을 미칠 것이다. 그는 하나님 아버지의 마음을 이해하는 까닭에 아버지로서의 마음을 지닐 수 있을 것이다.

만일 남편이 육신의 아버지와 좋은 관계가 아니라면 난관에 봉착할 수 있다. 아버지와의 관계는 하나님 아버지와의 관계에도 영향을 미친다.

아버지에게 버림받았다면, 하나님께도 버림받을 거라는 두려움을 가질 수 있다. 아버지가 거리감을 두고 무심하다면, 하나님을 무심한 분으로 생각하고 거리감을 둘 수 있다. 그가 아버지의 사랑을 의심한다면, 하나님 아버지의 사랑도 의심할 수 있다. 아버지에게 분노하고 있다면, 하나님 아버지께도 분노할 수 있다.

육신의 아버지와 관련된 지난날의 일들이 하나님 아버지의 사랑을 진정으로 깨닫는 데 있어 장애 요인으로 작용할 수도 있다. 또한 그것은 자녀들과의 관계에도 악영향을 미칠 것이다.

남편이 하나님 아버지의 사랑을 보다 풍성히 깨닫고 마음속의 오해와 편견을 치유받을 수 있도록 기도하라. 육신의 아버지에게 받은 상처를 치유해 주시라고, 하나님을 비난했던 그의 죄악을 씻어 주시라고 간구하라. 성경은 "자기의 아비나 어미를 저주하는 자는 그 등불이 유암 중에 꺼짐을 당하리라" 잠 20:20 고 말한다.

　남편이 마음으로부터 아버지를 용서하지 않는 한, 결코 자녀들에게 최선의 아버지가 될 수 없을 것이다. 관계 회복을 위해 굳이 아버지가 살아 계셔야 하는 것은 아니다. 중요한 것은 아버지와 관련한 남편의 마음 자세이기 때문이다. 그가 아버지에 대해 올바른 태도를 가짐으로써 하나님 아버지와의 관계에 아무런 장애가 없도록 기도하라.

　남자들은 자신이 자녀들에게 얼마나 중요한 존재인지 잘 모른다. 때로 자신은 그저 아이들에게 돈이나 벌어다 주는 존재일 뿐이라고 생각한다. 그러나 아버지의 영향은 결코 과소평가될 수 없다. 남편이 자녀들을 어떻게 대하느냐는 아이들의 삶에 지대한 영향을 미친다. 또한 그 자신의 삶도 변화시킨다. 만일 그가 아버지로서 실패한다면 항상 그 실패감을 안고 살아갈 것이기 때문이다. 반면 아버지로서 성공한다면 그의 삶에 있어 그보다 더 큰 성공도 없을 것이다.

"네 자식을 징계하라 그리하면 그가 너를 평안하게 하겠고 또 네 마음에 기쁨을 주리라"
_잠 29:17

Chapter 19

남편의 과거

과거는 우리가 살아가는 곳이 아니라 우리가 배워야 하는 그 무엇이어야 한다. 과거에 집착하고 과거 속에서 살아간다면 결코 하나님이 우리를 위해 마련해 두신 미래를 향해 나아갈 수 없다.

마이클은 19세 때 신경쇠약에 걸린 적이 있다. 당시 그는 대학에 다니며, 글도 쓰고, 편곡도 했으며, 오후와 저녁에는 클럽에서 피아노와 드럼을 연주했다. 그는 심한 스트레스에 시달렸고 잠도 부족했으며 과로로 피곤해 죽을 지경이었다. 주치의는 인근의 정신병원에서 요양하도록 권했다.

훗날 그의 어머니는 그 결정을 후회한다고 말했다. 그러나 당시에는 달리 어떻게 해야 할지를 몰랐다. 마이클은 그곳에서의 두 주 동안의 '휴식'이 자신의 생애에서 가장 놀라운 경험이었다고 회고했다. 다른 환자들의 행동이 너무도 이상하고 무서웠던 까닭에 그는 심한 충격을 받았다.

그는 대학으로 돌아갔지만 두려움은 사라지지 않았다. 결혼한 후에도 마이클은 과로에 시달려 예전과 같은 신경쇠약에 걸렸던 적이 있었다. 그때마다 이전에 겪었던 충격적인 일이 기억 속에서 되살아나 망령처럼 따라다니면서 "넌 다시 정신병동에 갇혀 생을 마감하게 될 거

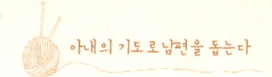

야." 하고 위협했다.

내 기도가 가장 절실히 요청되었던 때가 바로 그 무렵이었다고 그는 말했다. 나는 그가 진리를 알고 진리가 그를 자유케 해주시라고 늘 기도드렸다 요 8:32. 그를 과거에서 해방시켜 주시라고 하나님께 간구했다. 점진적이긴 했지만 기도할 때마다 조금씩 진전이 있었다.

과거는 우리가 살아가는 곳이 아니라 우리가 배워야 하는 그 무엇이어야 한다. 우리는 "뒤에 있는 것은 잊어버리고 앞에 있는 것을 잡으려고 푯대를 향하여 그리스도 예수 안에서 하나님이 위에서 부르신 부름의 상을 위하여 좇아" 빌 3:13-14 가야 한다.

우리는 하나님께 자신을 맡겨야 한다. 하나님은 과거를 구속하시며 상실된 것을 회복시키신다. 나쁜 일들을 상쇄시킬 만한 기쁨을 베푸신다 시 90:15. 우리는 그 하나님을 신뢰해야 한다. 과거에 집착하고 과거 속에서 살아간다면 결코 하나님이 우리를 위해 마련해 두신 미래를 향해 나아갈 수 없다.

남편의 과거는 그 자신에게뿐만 아니라 자녀들에게도 영향을 미친다. 후손들에게 전해지는 것은 신체적 특성뿐만이 아니다. 우리는 자신이 경험한 것처럼 고통스럽고 해로운 유산을 남길 수도 있다. 이혼, 분노, 근심, 의기소침, 두려움 따위의 유산을 후대에 물려 줄 수도 있다. 당신이나 남편이 어떤 굴레에서 스스로를 자유케 할 때 자녀들도 자유를 얻을 것이다. 당신이 과거에 머무는 한, 하나님의 계획 속에 포함된 당신의 미래뿐만 아니라 자녀들의 미래마저 암울해진다.

남편의 과거 중 현재까지 가장 큰 영향을 미치는 것은 아마 어린 시절에 겪은 일들일 것이다. 가족들과 관련해 좋은 기억이 별로 없거나 나쁜 기억이 많은 것이 가장 심각한 문제이다. 친지나 친구들이 놀려 댄 좋지 않은 호칭이 어른 때까지 따라다닌다. '뚱보', '멍청이', '독불장군', '무능력자', '굼벵이', '얼간이' 등과 같은 말들은 깊이 새겨져 어른이 되어서도 악영향을 미친다. 과거를 전혀 없었던 일처럼 지울 수는 없겠지만, 모든 악영향을 제거해 주시라고 기도할 수는 있다. 그러한 악영향을 영원히 간직하고 살아야만 하는 사람은 아무도 없다.

하나님은 우리가 구원을 갈구하고 그분의 도를 행하며 진리를 선포할 때 과거로부터 해방될 거라고 하신다. 하지만 때로는 거듭해서 얻어야 할 자유도 있다. 남편이 어떤 것으로부터 해방되었지만 그것이 다시 고개를 들 수도 있다. 그 때문에 낙심하지 말라고 하라. 주님과 동행한다면 그는 하나님이 원하시는 더 깊은 차원의 자유에 이를 것이다. 당신의 기도는 남편이 더 큰 자유를 누릴 수 있도록 지켜 줄 것이다.

과거로부터의 해방은 신속하게 이루어질 수도 있고 점진적으로 이루어질 수도 있다. 문제는 당신의 계획대로 해방이 이루어지게 할 수

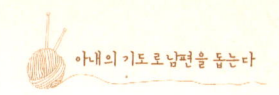

는 없다는 것이다. 당신은 인내하며 남편에게 과거의 음성이 들려오지 않을 때까지 끈기 있게 기도해야 한다. 그리하여 남편이 과거의 음성에 귀 기울이지 않기로 결심하게 해야 한다.

"그러므로 우리가 낙심하지 아니하노니 겉사람은 후패하나 우리의 속은 날로 새롭도다" _고후 4:16

"모든 눈물을 그 눈에서 씻기시매 다시 사망이 없고 애통하는 것이나 곡하는 것이나 아픈 것이 다시 있지 아니하리니 처음 것들이 다 지나갔음이러라" _계 21:4

Chapter 20

남편의 태도

남편이 줄곧 나쁜 습관에 스스로를 방치한다면 결혼 생활은 비참해지고 견딜 수 없는 상황으로까지 치달을 것이다. 당신이 남편의 의지를 다스릴 수는 없지만, 그의 뜻이 하나님의 뜻과 같게 해주시라고 기도할 수는 있다.

나쁜 태도를 가진 사람 곁에 있고 싶은 사람은 아무도 없다. 귀에 대고 줄곧 불평하는 소리를 듣지 않아도 삶이란 힘든 것이다.

나는 매사에(심지어 좋은 소식을 들었을 때도) 화부터 내며 부정적으로 생각하는 사람을 알고 있다. 무슨 일을 만나면 그는 끝장이라는 생각부터 한다. 불행히도 이 같은 습관은 어릴 때부터 몸에 밴 것이었다. 삶을 즐기는 법을 가르쳐 준 사람이 아무도 없었던 것이다. 그런데 지금도 그는 과거가 현재를 지배하도록 내버려 둔다. 이 때문에 그는 앞으로도 결코 행복해지지 못할 것이고, 그 주위 사람들 역시 마찬가지일 것이다. 누구도 그런 사람이 되고 싶지 않을 것이며, 그런 사람과 함께 살고 싶지도 않을 것이다.

구체적인 이름을 언급하지는 않겠지만, 나쁜 습관을 지닌 사람들을 위한 기도에 나는 일가견이 있다고 감히 확신한다. 하지만 내가 부정적인 태도에 즉각 반응을 보이는 대신 기도하는 데는 오랜 시간이 걸렸다. 이 사람의 심령에 즐거운 마음이 일어나게 해주시라고 기도드릴

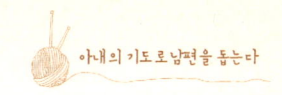

때마다 가시적인 변화를 볼 수 있었고 그에 대한 나의 반응 역시 한결 좋아졌다.

화를 잘 내고 음울하며 용서할 줄 모르고 부정적인 습관을 갖게 되는 데에는 여러 가지 이유가 있다. 이를테면 하나님의 사랑을 받아들이기를 거부하는 완고함을 들 수 있다.

성경은 어떤 생각을 가질 것인지시 101:4, 하나님의 사랑에 대해 완고해질 것인지잠 28:14는 우리의 선택에 달려 있다고 말한다.

우리는 자신의 태도를 선택한다. 주님의 사랑을 받아들일 것인지 말 것인지를 선택한다. 감사가 속에서 일어나도록 허락하는 것도 우리 자신에게 달려 있다. 남편이 줄곧 나쁜 습관 속에 스스로를 방치한다면 결혼 생활은 비참해지고 흔들리는 결혼 생활이 견딜 수 없는 상황으로까지 치달을 것이다. 부정적으로 반응하는 습관은 역으로 삶의 모든 측면에 악영향을 미칠 것이다.

당신이 남편의 의지를 다스릴 수는 없지만, 그의 뜻이 하나님의 뜻과 같게 해주시라고 기도할 수는 있다. 그의 마음을 정결케 해주시라고 기도하라. 마음이 깨끗한 자가 하나님을 볼 것이며마 5:8 그 얼굴이 빛날 거라고잠 15:13 성경은 약속하기 때문이다. (그 어떤 아내가 남편이 하나님을 볼 수 있고 또한 빛나는 얼굴을 갖게 되기를 바라지 않겠는가?)

남편의 마음에 찬양과 감사와 사랑과 기쁨이 가득하기를 기도하라.

"선한 사람은 그 쌓은 선에서 선한 것을"마 12:35 내기 때문이다. 곧바로 변화가 일어나지 않더라도 당신의 기도를 통해 남편의 심령이 부드러워질 것이다. 그렇게만 되어도 그의 태도가 나아지기를 기다리는 동안 최소한 당신의 태도가 변할 수 있다.

"자기의 마음을 제어하지 아니하는 자는 성읍이 무너지고 성벽이 없는 것 같으니라" _잠 25:28

"내가 예언하는 능이 있어 모든 비밀과 모든 지식을 알고 또 산을 옮길 만한 모든 믿음이 있을지라도 사랑이 없으면 내가 아무것도 아니요" _고전 13:2

Chapter 21

남편의 결혼 생활

결혼 생활의 모든 면에 대해 기도하는 것이 이혼에 이르게 하는 요인들을 막는 비결이다. 서로간의 모든 상충점들을 해소해 일체성, 신뢰성, 친밀성을 더욱 북돋워 갈 수 있게 해주시라고 지속적으로 기도해야 한다.

결혼하기 전에 나는 남편이 스포츠에 별 관심이 없기를 바랐고, 마이클이 그런 줄만 알았다. 틈만 나면 리모컨을 손에 들고 쇼파에 누워 축구, 야구, 농구, 골프 따위를 보는 남편과 일생을 함께한다는 것은 생각조차 하기 싫었다. 처음 데이트를 시작했을 때 내가 마이클에게 가장 놀랐던 사실 중 하나는, 함께 있는 동안 그가 스포츠에 대해 전혀 언급하지 않았다는 것이다. 사실 그는 스포츠에 진력이 난다고까지 말했다.

그랬으니 결혼하고 몇 년 후 그가 스포츠에 관심이 있는 정도가 아니라 아예 푹 빠져 있다는 것을 알았을 때 내가 얼마나 충격을 받았을지 상상이 될 것이다. 만일 시카고 베어스 팀이 지면 온 가족도 패배 분위기에 빠져들어야 했다. 반면 그 팀이 이길 때는 그의 환호성 때문에 주위 사람들의 귀청이 떨어질 지경이었다.

그는 이따금 경기를 보는 것으로 만족하지 않고 모든 경기를 다 봐야 했다. 그는 소극적인 관람객이 아니었다. 응원팀의 티셔츠와 모

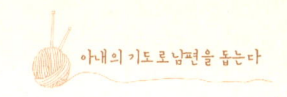

자까지 걸치고 펄쩍 펄쩍 뛰었다. 나도 경기장에 따라가 보았지만 솔직히 핫도그에 더 관심이 갔다. 그와 함께 TV로 경기를 시청하려고 노력도 해보았지만 너무 지겨웠다. 그가 가족과 함께 시간을 보내기보다 스포츠를 보는 데 더 열성적이라는 사실에 화가 치밀어 올랐다.

몇 년 후 내가 우리 부부의 결혼 생활과 관련해 기도를 시작했을 때에야 비로소 상황이 변하기 시작했다. 나로서는 알 수 없는 어떤 이유로 인해 하나님은 스포츠에 대한 남편의 관심을 없애 버리지는 않으셨다. 대신 내게 평안과 새로운 시각을 주셨다.

우리는 서로 양보했다. 남편이 나에게 스포츠에 대해 억지로 관심을 갖도록 강요하지 않는다면, 나도 그에게 스포츠를 즐기지 말라고 강요하지 않는다는 거였다. 그가 내 입장을 존중해 주는 한, 나는 결혼 전 그가 나를 속였다는 식으로 그를 비난하지 않을 것이다. 이것은 결혼 생활에 있어 사소한 일인 듯이 보이지만 이런 일들이 쌓이면 결혼 생활의 존속 여부를 좌우할 만큼 심각해질 수 있다.

결혼 생활의 모든 면들에 대해 기도하는 것이 이혼에 이르게 하는 요인들을 막는 비결이다. 따라서 우리는 비록 자신과는 상관 없다고 생각되더라도 이와 관련한 중요한 문제들을 간과하지 말아야 한다.

결혼한 그날부터 나는 우리 부부에게 이혼이나 간음이 결코 일어나지 않게 해주시라고 기도드렸다. 우리 집안 내력에는 이혼이나 간음이 전혀 없지만, 대체로 우리 사회와 직업 세계는 그것들에 흠뻑 젖어 있는 상태이다. 나는 우리의 결혼 생활을 그 같은 파탄으로부터 지켜 주시라고 기도드렸다. 하나님은 그 기도에 신실하게 응답해 주셨다.

어떤 상황이 닥쳐도 결혼 관계를 굳건히 지키기로 두 사람이 언약하고 시작할 때 결혼은 위대한 것이다. 그러나 종종 어떤 부부는 상대방이 어떤 사람인지, 결혼 생활이 장차 어떻게 될 것인지에 관해 선입견을 갖는다. 그때가 바로 그들의 복된 가정이 깨질 수 있는 시점이다. 비현실적인 모든 예측들을 물리치고 서로간의 모든 상충점들을 해소해 일체성, 신뢰성, 친밀성을 더욱 북돋워 갈 수 있게 해주시라고 지속적으로 기도해야 한다. 두 사람이 합심함으로써 그 가운데 하나님이 계시는 결혼 생활이 될 수 있도록 기도하라 마 18:19-20.

만일 부부 중 한편이 예전에 결혼한 경험이 있다면, 그 잔재가 현재의 결혼 생활에 끼어들지 않게 해주시라고 기도하라. 좋든 나쁘든, 정서적이든 영적이든 간에 예전 관계들과의 모든 연줄을 철저히 끊으라. 과거에 발을 딛고 있으면 미래를 향해 나아가지 못한다.

아무리 순조로운 결혼 생활을 하고 있더라도 그것을 당연시하지 말라.

"그런즉 선 줄로 생각하는 자는 넘어질까 조심하라" 고전 10:12.

결혼 생활을 파괴할 수 있는 사람이나 상황으로부터 지켜 주시라고

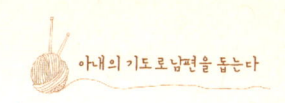

기도하라. 결혼 생활을 잘 유지하기 위해서라면 어떤 일도 마다하지 않게 해주시라고 간구하라. 결혼 생활이 단조로운 고역이나 고통거리나 두려움이나 성가심이나 혹은 일시적인 상태가 아니라 두 사람 모두에게 기쁨과 생명의 원천이 되게 해주시라고 기도하라.

> "여호와는 영이 유여하실지라도 오직 하나를 짓지 아니하셨느냐 어찌하여 하나만 지으셨느냐 이는 경건한 자손을 얻고자 하심이니라 그러므로 네 심령을 삼가 지켜 어려서 취한 아내에게 궤사를 행치 말지니라 이스라엘의 하나님 여호와가 이르노니 나는 이혼하는 것과 학대로 옷을 가리우는 자를 미워하노라 만군의 여호와의 말이니라 그러므로 너희 심령을 삼가 지켜 궤사를 행치 말지니라" _ 말 2:15-16

> "모든 사람은 혼인을 귀히 여기고 침소를 더럽히지 않게 하라 음행하는 자들과 간음하는 자들을 하나님이 심판하시리라" _ 히 13:4

Chapter 22

남편의 감정

남자들은 부정적인 감정을 바꿀 수 없는 자신의 성격이라고 믿곤 하지만 그 생각은 잘못됐다. 남편이 자신의 감정에 조종당하는 것을 방관만 하고 있지 말라. 당신이 기도하는 만큼 남편이 자유로워질 것이다.

돈Don은 가족을 통제하기 위해 화를 내곤 했다. 가족들은 그의 기분을 맞추느라 조마조마한 마음으로 살았고, 사랑보다는 두려움 때문에 그의 요구대로 따랐다. 아내 제니가 그의 화 잘 내는 기질을 참을 필요가 없을 뿐만 아니라 그것을 묵묵히 감내하는 것이 하나님께 불순종하는 일임을 깨달았을 때 상황은 변하기 시작했다.

제니는 남편을 사랑하지만 그의 죄마저 인정해 줄 수는 없음을 알고, 혼자서나마 기도 모임 파트너들과 함께 정기적으로 남편을 위해 뜨겁게 기도하기 시작했다. 그녀는 남편이 자신의 감정에 지배받는 것이 아니라 성령의 다스림을 받게 해주시라고 기도했다.

그녀의 기도를 통해 돈은 자신이 어떻게 행동해 왔는지 분명히 깨달을 수 있었고, 자신의 행동을 변화시킬 수 있는 힘과 용기도 발견했다.

은밀한 선물은 노를 쉬게 하고 잠 21:14

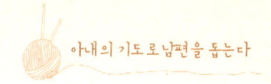

아내가 남편의 노를 진정시키기 위해 은밀히 줄 수 있는 최상의 선물은 그를 위해 기도하는 것이다.

채드는 수년간 만성 우울증에 시달렸다. 아내 마릴린은 낙관적인 사람이었지만 그의 부정적인 감정이 그녀마저 낙담과 좌절감과 우울증에 빠지게 했다. 그러던 중에 그녀는 다윗왕의 체험을 읽게 되었고, 다윗의 감정 묘사가 곧 남편의 감정과 같다는 것을 발견했다.

> 나의 영혼에 곤란이 가득하며 나의 생명은 음부에 가까왔사오니 나는 무덤에 내려가는 자와 함께 인정되고 힘이 없는 사람과 같으며 시 88:3-4

> 내가 아프고 심히 구부러졌으며 종일토록 슬픈 중에 다니나이다……내가 피곤하고 심히 상하였으매 마음이 불안하여 신음하나이다 시 38:6, 8

마릴린은 다윗이 그처럼 깊은 절망에도 불구하고 여호와 안에서 소망을 발견해 절망을 극복하고 일어섰음을 알게 되었다.

> 여호와여 주께서 내 영혼을 음부에서 끌어내어 나를 살리사 무덤으로 내려가지 않게 하셨나이다 시 30:3

> 내가 주의 인자하심을 기뻐하며 즐거워할 것은 주께서 나의 곤란을 감찰하사 환난 중에 있는 내 영혼을 아셨고 시 31:7

내 영혼에게 가까이하사 구속하시며 시 69:18

그녀는 하나님이 채드를 긍휼히 여기고 계심을 확신했고, 기도야말로 그를 우울증에서 해방시킬 수 있는 열쇠라는 소망을 갖게 되었다.

그녀는 남편에게 자신이 매일 그를 위해 기도에 매진하기로 했으니 기분이 어떤지 수시로 알려 달라고 했다.

첫날부터 그녀가 기도할 때마다 채드의 정신이 맑아지는 것을 둘 다 느낄 수 있었다. 얼마 지나지 않아 그는 기도의 능력을 더 이상 부인할 수 없었고 마침내 아내와 함께 기도하기 시작했다.

그 이후로 채드는 꾸준히 나아졌다. 우울증에 빠지는 빈도가 많이 줄었고, 우울증에 빠져도 훨씬 더 빠르게 극복할 수 있었다. 이제 그들 부부는 채드의 완전한 회복을 위해 하나님께 열심히 간구하고 있다.

분노와 우울증은 남성의 영혼을 괴롭히는 여러 부정적 감정들 중 일부이다. 남자들은 그것들을 바꿀 수 없는 자신의 성격이라고 믿곤 하지만 그 생각은 잘못됐다. 남편이 자신의 감정에 조종당하는 것을 방관만 하고 있지 말라. 기도하는 만큼 남편이 자유로워질 것이다.

"내 영혼을 소생시키시고 자기 이름을 위하여 의의 길로 인도하시는도다"

_ 시 23:3

Chapter 23

남편의 걸음

예수님은 옳은 길은 단 하나이며 들어갈 수 있는 문도 단 하나라고 말씀하셨다. 또한 그분 자신이 곧 길이라고 하셨 다. 멸망으로 인도하는 길은 넓고 편해서 많은 사람들이 택 하지만 생명의 길은 좁고 힘들어서 찾는 이가 적다. 당신 남편이 그 길을 찾을 수 있도록 기도하라.

남자들의 걸음이란 인생을 헤쳐 가는 방식(방향, 초점, 단계들)을 의미한다. 그는 매일 진로를 선택한다. 그를 앞으로 나아가게 하는 길은 하나뿐이다. 그가 걷는 길은 사람들과의 관계, 가족에 대한 배려, 그를 보는 사람들의 시각, 심지어 자신의 관점 등 그의 전 존재에 영향을 미친다.

어떤 기준으로도 아무런 매력이 없는 사람들이 하나님의 성령과 동행하는 법을 배우면서 급속히 변하는 경우를 많이 보았다. 하나님의 형상이 그들에게 각인됨에 따라, 그들의 영혼이 부요하고 정결해졌고 또한 어떤 방향으로 나아갈 것인지에 관해 내적 확신을 갖게 되었다. 그들이 얻은 활력과 목적 의식은 참으로 매력적이다.

성경은 우리가 걸어가야 할 걸음에 관해 많은 것을 계시한다.

우리는 도덕적으로 올바르게 걸어가야 한다. 여호와는 "정직히 행하는 자에게 좋은 것을 아끼지 아니하실 것"이기 때문이다시 84:11.

"성실히 행하는 자는 구원을 얻을 것"이므로 우리는 신실하게 걸어

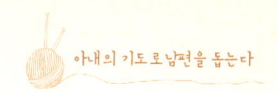

가야 한다잠 28:18.

"복 있는 사람은 악인의 꾀를 좇지" 아니하므로 우리는 경건한 조언자들과 동행해야 한다시 1:1.

"여호와를 경외하며 그 도에 행하는 자마다 복이" 있으므로 우리는 순종의 길을 걸어가야 한다시 128:1.

"지혜로운 자와 동행하면 지혜를" 얻으므로 우리는 지혜 있는 사람들과 동행해야 한다잠 13:20.

"바른 길로 행하는 자는 걸음이 평안"하므로 우리는 진실하게 행해야 한다. 무엇보다도 우리는 거룩한 길을 가야 한다잠 10:9.

거기 대로가 있어 그 길을 거룩한 길이라 일컫는 바 되니 깨끗지 못한 자는 지나지 못하겠고 오직 구속함을 입은 자들을 위하여 있게 된 것이라 우매한 행인은 그 길을 범치 못할 것이며 사 35:8

거룩한 대로로 행할 때 가장 좋은 점은 설령 우리의 눈이 일시적으로 어두워질지라도 그 길을 이탈하지는 않는다는 것이다.

데브라의 남편 벤은 경건한 사람으로 어리석은 사람이 아니었다. 그런데 큰 돈을 충동적으로 투자했다가 큰 손해를 보게 되었다. 심지어 전 재산을 탕진하고 건강과 결혼 생활까지 망칠 수도 있었다. 그러나 벤은 주님 앞에서 순종하며 거룩하게 행했던 까닭에 시련을 이겨낼 수 있었다. 처음에는 어리석게도 하나님의 지시를 기다리지 않고 자신이 앞질러 가다 곤경에 처했지만, 회개하고 돌아와 결국 파멸에 이르지는 않았다.

예수님은 옳은 길은 단 하나이며 들어갈 수 있는 문도 단 하나라고 말씀하셨다. 또한 그분 자신이 곧 길이라고 하셨다요 14:6. 멸망의 길은 넓어서 많은 사람들이 택하지만, "생명으로 인도하는 문은 좁고 길이 협착하여 찾는 이가 적다"마 7:14. 당신 남편이 그 길을 찾을 수 있도록 기도하라.

그가 하나님의 성령의 인도하심을 받도록 기도하라. 그가 믿음과, 순종하는 마음과, 하나님 뜻대로 하지 아니한 모든 행위에 대한 깊은 회개를 통해 오직 주의 길로만 행하도록 기도하라. 육신이 아닌 성령으로 행할 때 거룩한 길을 잃지 않을 것이다.

하나님은 당신의 남편이 매걸음마다 그분의 인도를 받기를 원하신다갈 5:25. 하나님은 그와 동행하사 그분의 형상으로 자라가게 하실 것이다. 하나님과 동행하는 자만이 진정 매력적인 사람이다.

> "내 눈이 이 땅의 충성된 자를 살펴 나와 함께 거하게 하리니 완전한 길에 행하는 자가 나를 수종하리로다"　　　　　　　　　　　　　　　_시 101:6

Chapter 24

남편의 말

입에서 나오는 말이 사람의 영혼을 세울 수도 있고 허물 수도 있다. 말은 우리의 생명을 구하거나 멸할 정도로 큰 결과를 초래한다. 당신 남편에게 새로운 언어 습관을 가르쳐 주시라고 간구하라.

온갖 말을 다 하면서 하나도 행동으로 옮기지 않는 사람을 본 적이 있는가? 어떤 사람들은 실제로 행동하기보다는 무엇을 할 것인지 자랑하는 데 더 많은 시간을 허비한다. 대개 그들은 아무것도 이루지 못한다. "일이 많으면 꿈이 생기고 말이 많으면 우매자의 소리가 나타나느니라" 전 5:3. 꿈을 실현하기 위해 열심히 노력하며 기도하기보다 꿈을 말하는 데 더 많은 시간을 허비한다면 그 꿈은 이루어지지 않는다.

화를 잘 내거나 우둔하고 불경건한 말을 하는 사람 곁에 있어 보았는가? 그의 독설은 듣는 이들을 고통스럽게 만들어 곁을 떠나게 만든다. 악한 말 하기를 좋아하는 자들은 참된 삶의 축복을 얻지 못한다. 뭐든 불평만 하는 사람은 무슨 일이 생기든 간에 불평할 만한 부정적인 그 무엇을 찾아낸다.

"모든 일을 원망과 시비가 없이 하라 이는 너희가 흠이 없고 순전하여 어그러지고 거스리는 세대 가운데서 하나님의 흠 없는 자녀로 세상

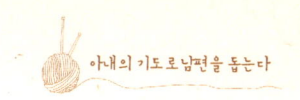

에서 그들 가운데 빛들로 나타내며"빌 2:14-15.

부정적인 말은 부정적인 결과를 가져오고, 줄곧 그런 말만 하는 사람은 문제가 있는 것이다. 말하기를 속히 하되 자신이 하고 있는 말을 진지하게 생각하지 않는 사람이 주위에 있는가? 그는 결과에 대해서는 생각하지 않고서 함부로 말을 한다.

"네가 언어에 조급한 사람을 보느냐 그보다 미련한 자에게 오히려 바랄 것이 있느니라"잠 29:20.

자신이 한 말의 결과를 고려하지 않는 사람의 장래는 참으로 서글프기 마련이다. 배우자, 자녀, 친구, 동료 등 누군가에게 고통과 낙심을 안겨 주는 말을 하는 사람이 있는가?

"죽고 사는 것이 혀의 권세에 달렸나니 혀를 쓰기 좋아하는 자는 그 열매를 먹으리라"잠 18:21.

그런 사람은 혀 때문에 삶을 파멸로 몰고 간다. 우리 말이 우리 자신을 의롭다 하거나 정죄할 수 있다마 12:37. 말이 우리에게 기쁨을 가져다주는가 하면잠 15:23, 우리를 더럽힐 수도 있다마 15:11.

우리 입에서 나오는 말이 사람의 영혼을 세울 수도 있고 허물 수도 있다 잠 15:4. 우리가 하는 말은 우리의 생명을 구하거나 멸할 정도로 큰 결과를 초래한다잠 13:3. 누구나 자신의 말을 선택할 수 있으며, 올바른 말을 선택한 자는 그에 상응하는 보상을 받는다.

"입과 혀를 지키는 자는 그 영혼을 환난에서 보전하느니라" 잠 21:23.

남편이 어떤 식으로 말하는지 귀를 기울여 보라. 그의 입에서 나오는 말은 그 마음 상태를 반영한다.

"마음에 가득한 것을 입으로 말함이라" 마 12:34.

만일 남편이 불평하거나 부정적으로 말하거나 어리석은 말을 하거나 자신이나 다른 사람의 삶을 파멸시키는 말을 한다면, 그는 부정적인 마음으로 인해 고통당하고 있다. 그의 마음속에 성령의 사랑과 평안과 희락이 가득하게 하시며 또한 그에게 새로운 언어 습관을 가르쳐 주시라고 주께 간구하라.

"생명을 사모하고 장수하여 복 받기를 원하는 사람이 누구뇨 네 혀를 악에서 금하며 네 입술을 궤사한 말에서 금할지어다" _시 34:12-13

"무릇 더러운 말은 너희 입 밖에도 내지 말고 오직 덕을 세우는 데 소용되는 대로 선한 말을 하여 듣는 자들에게 은혜를 끼치게 하라" _엡 4:29

Chapter 25

남편의 회개

회개는 하나님의 은혜로 말미암는다. 우리는 남편에게 그 은혜가 임하도록 기도해야 한다. 교만 때문에 또는 자백하고 회개하지 못하기 때문에 넘어지는 남자들이 너무도 많다. 자백하지 않은 죄는 사라지지 않는다.

수잔은 남편 제리가 마약 복용을 중단하게 해주시라고 수년 동안 기도했다. 그녀는 남편이 마약을 복용하는 광경을 여러 차례 목격했다. 그때마다 제리는 미안하다고 하면서 다시는 그런 짓을 하지 않겠노라고 다짐했다. 하지만 그 결심은 오래 가지 못했다. 하지만 그녀는 굳건한 믿음을 가지고 남편이 완전히 돌아설 수 있는 진정한 회개가 그의 마음속에서 일어나게 해주시라는 기도를 결코 포기하지 않았다.

불행하게도 제리는 뼈아픈 교훈을 배워야 했지만, 마침내 삶에 획기적인 변화가 일어났다. 현재 그는 새사람이 되었고, 자신과 유사한 문제로 고통당하는 사람들을 돕는 사역에 아내와 함께 참여하고 있다.

누구나 실수를 한다. 중요한 것은 실수 그 자체가 아니다. 요즘 사람들은 자신의 잘못을 인정하지 않는 경향이 있다. 성경은 이렇게 가르친다.

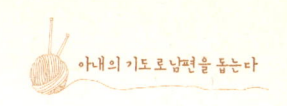

만일 우리가 우리 죄를 자백하면 저는 미쁘시고 의로우사 우리 죄를 사하시며 모든 불의에서 우리를 깨끗케 하실 것이요 요일 1:9

먼저 우리는 자신이 행한 잘못을 뉘우쳐야 한다. 하나님이 우리 행동을 변화시키시는 방식은 세 단계로 진행된다. 먼저 자백은 잘못을 인정하는 것이다. 그 다음 회개는 그 잘못을 뉘우치는 것이다. 그러고 나서 잘못을 깨끗이 사함받기 위해 용서를 구한다. 이 세 단계 중 하나라도 거부하는 것은 자만심 때문이다. 하나님과 사람 앞에서 잘못을 겸허하게 시인하지 못하는 사람은 인생의 각종 문제들에서 헤어날 수 없을 것이다.

"네가 스스로 지혜롭게 여기는 자를 보느냐 그보다 미련한 자에게 오히려 바랄 것이 있느니라" 잠 26:12.

남편이 자신의 잘못을 좀처럼 시인하지 않는가? 아니면 하루에도 스무 차례는 "미안해."라고 말하면서도 행동은 결코 바꾸지 않는가? 둘 중 하나라면, 그에게는 회개하는 심령이 필요하다. 참된 회개는 자신이 행한 바를 철저히 뉘우쳐 다시는 반복하지 않는 것이다. 우리의 죄를 있는 그대로 볼 수 있게 하시는 이는 오직 하나님뿐이시다.

혹 네가 하나님의 인자하심이 너를 인도하여 회개케 하심을 알지 못하여

그의 인자하심과 용납하심과 길이 참으심의 풍성함을 멸시하느뇨 롬 2:4

회개는 하나님의 은혜로 말미암는다. 우리는 남편에게 그 은혜가 임하도록 기도해야 한다. 교만 때문에 또는 자백하고 회개하지 못하기 때문에 넘어지는 남자들이 너무도 많다. 우리는 늘상 그런 모습을 본다. 신문에도 그런 기사가 실린다. 자백하지 않은 죄는 사라지지 않는다. 그것은 암세포처럼 자라나 생명을 위협한다.

남편이 죄를 자각하고 하나님 앞에 겸허히 자백하며 다시는 같은 죄를 범하지 않도록 기도하라. 하나님은 "아무도 멸망치 않고 다 회개하기에 이르기를" 벧후 3:9 원하신다.

이 같은 기도가 기도받는 사람에게는 매우 성가신 것일 수도 있지만, 하나님의 빛으로 우리 죄악을 비추시게 하는 것이 죄의 결과를 감당하는 것보다 훨씬 더 쉽다. 설령 남편이 지금은 거부감을 느끼더라도 결국에는 고마워할 것이다.

"자기의 죄를 숨기는 자는 형통치 못하나 죄를 자복하고 버리는 자는 불쌍히 여김을 받으리라"　_ 잠 28:13

Chapter 26

남편의 구원

아무런 출구도 없는 것처럼 보일 때 하나님이 이적적으로 우리를 들어 올리사 우리를 삼키려 하는 대적으로부터 멀리 옮겨 주실 수 있다. 당신 남편이 굳건히 설 수 있는 최선의 방법은 하나님의 전신갑주를 입는 것이다.

멜리사는 남편의 음주 습관이 걱정스러웠다. 아직 알코올 중독은 아니었지만, 알코올 중독자였던 그의 아버지와 유사한 증상들을 보였다. 그녀는 남편에게 전해졌을 수 있는 악한 성향들이 제거되도록 기도했으며, 자녀들에게 그런 연약한 부분이 전해지지 않도록 기도했다. 그녀는 알코올 중독 증상으로부터 그들 모두를 지켜 주시라고 간구했다.

지금까지 마크는 알코올 중독에 걸리지 않았고, 십대 자녀들도 그런 징후를 보이지 않는다. 그녀는 그들이 이 같은 병폐를 물려받지 않은 가장 큰 이유는 바로 자신의 기도에 응답해 주신 하나님의 권능 덕분이라고 생각한다.

스테파니는 제이슨과 결혼한 직후 그가 정욕 때문에 힘들어 한다는 걸 알게 되었다. 그녀를 사랑하지 않기 때문이 아니었다. 제이슨은 과거의 죄악들과 싸우고 있었다. 과거의 난잡한 생활로부터 철저히 벗어나기가 힘들었던 것이다. 남편의 상태를 알게 된 그녀는 그의 구원을

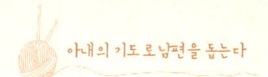

위해 기도했다. 그 역시 구원받기를 원했던 까닭에 오래지 않아 거기서 벗어났다.

누구나 구원을 필요로 하는 때가 생긴다. 우리를 속박할 수 있는 것들이 허다하기 때문이다. 하나님은 이 점을 잘 아신다.

만일 우리에게 구원이 필요하지 않다면 왜 예수님이 구원자로 오셨겠는가? 만일 우리가 악에서 구원받을 필요가 없다면 왜 예수님이 우리를 악에서 구해 달라고 하는 기도를 마 6:13 가르쳐 주셨겠는가? 또한 그분이 시험에서 벧후 2:9, 위험한 사람들의 마수에서 시 140:1, 우리의 자기 파괴적 성향들로부터 잠 24:11, 모든 곤경들로부터 시 34:17, 사망에서 고후 1:10 우리를 건지시리라고 약속하신 것은 구원하실 뜻을 갖고 계시기 때문이 아니겠는가? 우리는 단지 간구만 하면 된다.

환난 날에 나를 부르라 내가 너를 건지리니 네가 나를 영화롭게 하리로다 시 50:15

죽음과 같이 암담한 상황에 하나님께서 우리 부르짖음을 들으신다는 것이 큰 위로가 되지 않겠는가? 그분은 우리의 곤궁을 살피신다.

여호와께서 그 높은 성소에서 하감하시며 하늘에서 땅을 감찰하셨으

183

• 니 이는 갇힌 자의 탄식을 들으시며 죽이기로 정한 자를 해방하사 시 102:19-20

아무런 출구도 없는 것처럼 보일 때 하나님이 이적적으로 우리를 들어 올리사 우리를 삼키려 하는 대적으로부터 멀리 옮겨 주실 수 있다! 시 25:15 누가 그런 구원을 필요로 하지 않겠는가?

설령 남편이 도움이 필요하다는 것을 인정하기 힘들지라도 여전히 당신의 기도는 그가 구원을 얻도록 도울 수 있다. 당신은 그를 얽매고 있는 모든 것들로부터 그를 해방시켜 주시라고 기도할 수 있다. 당신은 그를 속박하고자 하는 대적에게 기도로 굳건히 대항할 수 있다.

그리스도께서 우리로 자유케 하려고 자유를 주셨으니 그러므로 굳세게 서서 다시는 종의 멍에를 메지 말라 갈 5:1

굳건히 설 수 있는 최선의 방법은 하나님의 전신갑주를 입는 것이다. 나는 우리 부부를 위해 그 전신갑주를 구하며, 그것이 가장 효과적임을 경험해 왔다.

"주께서 내 생명을 사망에서 건지셨음이라 주께서 나로 하나님 앞, 생명의 빛에 다니게 하시려고 실족지 않게 하지 아니하셨나이까" _ 시 56:13

Chapter 27

남편의 순종

남편에게 해야 할 일을 일러 주기보다는 그의 눈이 진리를 향해 열리고 그의 마음에 확신이 생기게 해주시라고 기도하는 것이 훨씬 더 효과적이다. 가장 큰 영향을 미치는 것은 궁극적으로 하나님의 음성이다.

리자는 남편 조나단이 자신만큼 영적으로 성장하지 않은 것을 염려했다. 그녀와 주님의 관계는 나날이 깊어지는데, 주님과 남편의 관계는 급속도로 멀어지는 듯했다. 리자는 너무 실망스러웠다. 남편과 함께 영적으로 성장하며 영적 체험을 나누고 싶었기 때문이다.

그녀는 가족 중에 자신만 영적으로 특출하기를 원치 않았다. 그녀가 그 부분에 관해 이야기할 때마다 조나단은 일이 너무 바빠서 주님과 깊이 교제하거나 말씀을 읽을 시간이 없다고 말하며 거부감을 드러냈다. 심지어는 주말에 출장을 떠나는 바람에 가족과 함께 교회에 가는 일마저 빠트리기도 했다.

가장 괴로운 것은 이 모든 상태를 그가 도무지 고통스러워하지 않는다는 사실이었다. 감당하기 힘든 업무상의 시련이 닥치기 전까지 그의 태도는 변하지 않았다. 스트레스가 심해지면서 조나단은 점점 탈진했다.

리자는 남편이 매일 주님과 시간을 보내며 영적 힘을 얻을 수 있다면

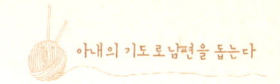

그의 삶이 훨씬 더 좋아질 것을 알고 있었다. 그러나 또한 남편이 그런 말을 들을 준비가 되어 있지 않다는 것도 분명히 알았다.

리자는 하나님이 조나단을 순종의 길로 부르고 계심을 알았지만, 그에게 아무 말도 하지 않기로 결심했다. 대신 그녀는 남편의 삶에서 하나님이 차지하는 비중이 많아지게 해주시라고 날마다 기도했다.

수개월을 기도해도 변화가 보이지 않았지만, 어느 날 아침 조나단은 "오늘은 좀 일찍 출근해서 일을 시작하기 전에 주님과 함께하는 시간을 가져야겠어요."라고 했다. 리자는 속으로 하나님께 감사드렸다.

그 이후 조나단은 예외적인 날들을 제외하고는 매일 아침 일찍 출근해 혼자 성경을 읽고 기도했다. 그렇게 한 지도 2년이 넘은 요즘에는 영적 훈련에 육체적 훈련도 병행하고 있다. 그는 운동과 식이요법을 통해 과도한 체중을 줄이고 건강한 몸을 만들기 위해 애쓰고 있다. 하나님의 도우심이 없다면 그렇게 하지 못할 것이다.

남편이 그릇된 길로 가고 있음을 분명히 알게 될 경우, 당신은 그에게 말해 주는가? 만일 그렇다면 어느 정도까지 말해야 하며 언제 말하는 것이 적절할까?

내가 깨달은 최선책은 먼저 하나님께 아뢰고 그분의 판단에 맡기는 것이다. 그분은 리자에게 그러셨듯이 당신에게도 다만 조용히 기도하라고 하실 수 있다. 그러나 만일 하나님이 남편에게 그 문제를 말하라고 하신다면, 당신은 먼저 기도한 후에 말함으로써 그가 당신의 말 속에서 하나님의 음성을 더 많이 듣게 할 수 있을 것이다. 잔소리투의 말은 역효과를 내므로 억제하는 것이 좋다.

남편에게 해야 할 일을 일러 주기보다는 그의 눈이 진리를 향해 열리고 그의 마음에 확신이 생기게 해주시라고 기도하는 것이 훨씬 더 효과적일 것이다. 당신은 올바른 것을 행하도록 그를 격려할 수 있으며, 그렇게 행할 수 있도록 그를 위해 기도할 수도 있다. 하지만 가장 큰 영향을 미치는 것은 궁극적으로 하나님의 음성이다.

순종하지 않는 한 그 누구도 하나님이 주시고자 하는 것을 얻을 수 없다. 결코 서둘러 말씀하시지 않는 예수님은 이렇게 말씀하셨다.

네가 생명에 들어가려면 계명들을 지키라 마 19:17

하나님이 원하시는 일을 행하는 것보다 더 큰 평안과 확신을 주는 것은 없다는 사실을 예수님은 잘 알고 계셨다. 당신 남편이 하나님의 도에 순종할 때 인자시 25:10, 평안시 37:37, 행복잠 29:18, 풍부함잠 21:5, 축복눅 11:28, 생명잠 21:21을 얻을 것이라고 성경은 약속하고 있다. 순종하지 않는 자는 엄한 징계를 받고잠 15:10, 기도 응답을 받지 못하며잠 28:9, 하나님 나라를 유업으로 받지 못한다고전 6:9.

순종하기 위해서는 하나님의 계명을 지켜야 할 뿐만 아니라 하나님의 특별한 지시에도 유의해야 한다. 예컨대, 하나님께서 휴식을 취하라고 지시하시는데도 따르지 않는다면 그것은 불순종이다. 하나님께서 특정한 일을 하지 말라고 말씀하시는데도 그 일을 고집한다면 그것은 불순종이다. 하나님께서 다른 곳으로 옮기라고 말씀하시는데도 옮기지 않는다면 그것 또한 불순종이다.

하나님이 요구하시는 것을 행하는 사람은 반석 위에 집을 짓는 셈이다. 비가 오고 홍수가 나며 바람이 불어 그 집에 부딪혀도 집은 무너지지 않을 것이다 마 7:24-27. 당신은 남편의 불순종으로 인해 집이 무너지는 것을 원치 않을 것이다. 당신이 그의 어머니나 게슈타포가 되어야 하는 것은 아니지만, 기도하거나 하나님께 지시를 받은 후에 말하는 것은 당신이 할 일이다.

설령 남편의 불순종으로 인해 당신 집이 이미 어느 정도 무너졌다 해도, 하나님은 당신의 순종을 귀하게 여기시며 그래서 당신에게 파멸이 닥치지 않도록 보살펴 주실 것이다. 그분은 당신에게 축복을 부어 주시며 잃었던 것을 회복시키실 것이다. 다만 당신 남편이 하나님의 음성을 놓치지 않게 해주시라고, 들은 바를 실행할 수 있는 힘과 용기와 동기를 갖게 해주시라고 계속 기도하기만 하라.

"내 아들아 나의 법을 잊어버리지 말고 네 마음으로 나의 명령을 지키라 그리하면 그것이 너로 장수하여 많은 해를 누리게 하며 평강을 더하게 하리라 인자와 진리로 네게서 떠나지 않게 하고 그것을 네 목에 매며 네 마음판에 새기라" _잠 3:1-3

"사람이 귀를 돌이키고 율법을 듣지 아니하면 그의 기도도 가증하니라"
_잠 28:9

"너희는 내 목소리를 들으라 그리하면 나는 너희 하나님이 되겠고 너희는 내 백성이 되리라 너희는 나의 명한 모든 길로 행하라 그리하면 복을 받으리라"
_렘 7:23

"나더러 주여 주여 하는 자마다 천국에 다 들어갈 것이 아니요 다만 하늘에 계신 내 아버지의 뜻대로 행하는 자라야 들어가리라" _마 7:21

Chapter 28

남편의 자아상

자아상이 하나님 안에 잘 감싸여 있을 때 자유롭다. 하나님이 진정 어떤 분이신지 알기 전까지는 자신이 진정 누구인지 결코 모를 것이다. 남편이 자신의 진정한 정체성을 찾을 수 있도록 기도하라.

능력과 재능이 많은 사람들이 기회를 못 얻고 인정도 못 받는 반면, 능력 면에서 그들과 같거나 오히려 못한 사람들이 더 많은 기회를 얻고 모든 영역에서 성공하는 이유가 무엇일까? 그것은 불공평해 보인다.

물론 어느 정도는 타이밍이 좌우할 것이다. 하나님은 모든 일에 때를 정해 두셨고, 우리로 하여금 필요한 일을 하게 하사 미래를 대비하게 하신다. 하나님의 타이밍을 자각하는 사람은 평안한 마음으로 그 때를 기다릴 수 있다.

또 한 가지 중요한 이유로는 자신에 대한 인식을 들 수 있다. 초라한 자아상을 가지고 있다면 자신의 가치에 대해 회의적일 것이고, 그러한 회의는 자신이 하는 모든 일과 인간관계에까지 영향을 미친다. 그의 불안한 모습이 불편한 사람들은 그를 피할 것이고, 이것은 가족, 친구, 동료, 심지어는 낯선 사람들과의 관계에도 영향을 미칠 것이다. 그는 사람들에게 거부당할 거라는 예상을 함으로써 실제로 그렇게 될 것이다.

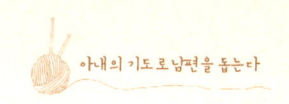

단은 인생을 헤쳐 나가려고 시도하면서 큰 낭패를 경험했다. 그는 자신이 어떤 사람인지, 어떤 분야에 적합한지, 과연 자신에게 적합한 분야가 있기나 한 것인지 알 수가 없었다.

그 모든 것을 알아내려고 열중하는 가운데 아내 신디와 심각한 마찰이 일어났다. 신디는 그를 도우려 했지만, 그는 아내의 조언에 화를 냈다. 그는 아내의 생각과 제안을 자신의 능력을 비웃는 것으로 여겼다. 그는 아내의 말을 무시했고, 그 때문에 그녀는 자신의 주장을 더욱 강하게 내세웠다. 신디가 무시당하지 않기 위해 애를 쓰면 쓸수록 단은 더욱더 심하게 대했다. 그러다 결국은 낭패감에 사로잡혀 아내의 말을 모조리 거부했다.

이런 식으로 점점 깊어 가는 불화는 이혼까지도 초래할 수 있었지만, 신디는 계속 다투기보다 기도하기로 했다. 그녀는 남편에게 어떤 일이 일어나고 있는지 이해하게 해주시라고 기도했다. 남편을 도우려 했을 때 그가 자신을 거부한 이유를 알고 싶었다.

하나님은 단의 빈약한 자아상이 그의 아버지에게서 비롯되었음을 알려주셨다. 그의 행동이 어디서 비롯된 것이든 간에 신디는 그것을 변화시키실 능력이 하나님께 있음을 알았다.

그녀는 하나님께서 단이 자기 혐오의 굴레를 깨트리고 건전한 자아상을 회복하게 해주실 때까지 계속 기도하기로 결심했다. 무엇보다 단을 도우사 주님 안에서 정체성을 찾게 해주시라고 간구했다. 또한 육신으로가 아니라 성령 안에서 단에게 말할 수 있게 해주시라고, 그리하여 자신의 말이 단에게 비판이 아닌 격려로 받아들여지게 해주시라고 간구했다.

그녀가 남편에게서 변화를 보게 되기까지는 여러 달이 걸렸지만, 마침내 중요한 변화들이 일어났다.

먼저, 단은 아내가 반대자가 아니라 협력자임을 믿게 되었다. 그들은 다툼을 멈추고 함께 협력하기로 했다. 단은 교회에 나가기 시작했다. 새로운 믿음으로 성경을 읽고 기도하는 모습도 볼 수 있었다. 점차 그는 자신을 진화상의 실패작이 아니라 하나님의 크신 사랑을 받는 자녀로 보기 시작했다. 자신의 가치를 자각하고 자신의 존재를 인정하면 할수록 사람들에게도 더욱 인정을 받았다. 자연히 기회의 문이 열리기 시작했고 얼마 지나지 않아 그는 늘 꿈꾸어 왔던 성공과 인정을 얻게 되었다.

만일 남편의 자아상이 개조될 필요가 있다면 인내심을 가지라. 오래도록 지속된 사고 방식이 하룻밤 만에 깨트려지지는 않는다. 하지만 당신은 대적을 물리치시는 하나님의 권능에 의지할 수 있으며, 남편이 자유로이 하나님의 진리를 듣게 할 수 있다. 당신이 개입할 때 하나님은 당신 남편의 특정 문제에 대한 해결책을 넌지시 보여 주실 것이다.

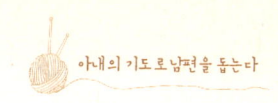

다시 말해서, 당신이 기도할 때 하나님께서는 남편을 위해 어떻게 기도해야 할지 알려주실 것이다.

나는 중년의 위기도 이 같은 기도로 방지할 수 있다고 믿는다. 우리 영혼 속에 가라앉아 있던 독성이 50대에 이르러 마침내 표출될 것이다. 그것은 마치 연로해 감에 따라 눈에 보이지 않는 댐이 약해지는 것과 같다. 그 댐이 터지면 그를 쓸어가 버릴 정도의 심각한 홍수가 일어날 수도 있다. 자신의 정체성을 주님 안에서 올바로 정립한 사람은 그런 때에 지혜롭게 대처해 나갈 것이다.

하나님은 우리의 첫걸음이 그분께로 향해야 한다고 말씀하신다. 그분의 얼굴을 찾고, 그분의 율법을 따르며, 그분을 최우선에 두고 자기 중심적인 추구를 맨 나중에 두어야 한다는 것이다.

하나님과 동행할 때 그분이 길을 인도하시며 우리는 그저 따라가기만 하면 된다. 우리가 하나님을 앙망하면 그분의 영광스러운 형상이 우리에게 새겨진다. 우리 자아상이 하나님 안에 잘 감싸여 있을 때 자유롭다. 당신은 남편도 그 자유를 누리기를 원할 것이다.

하나님이 진정 어떤 분이신지 알기 전까지는 자신이 진정 누구인지 결코 알 수 없다. 남편이 자신의 진정한 정체성을 찾을 수 있도록 기도하라.

"일어나라 빛을 발하라 이는 네 빛이 이르렀고 여호와의 영광이 네 위에 임하였음이니라"
_ 사 60:1

"하나님이 미리 아신 자들로 또한 그 아들의 형상을 본받게 하기 위하여 미리 정하셨으니 이는 그로 많은 형제 중에서 맏아들이 되게 하려 하심이니라"　_ 롬 8:29

"우리가 다 수건을 벗은 얼굴로 거울을 보는 것같이 주의 영광을 보매 저와 같은 형상으로 화하여 영광으로 영광에 이르니 곧 주의 영으로 말미암음이니라"
_ 고후 3:18

"너희가 서로 거짓말을 말라 옛사람과 그 행위를 벗어 버리고 새사람을 입었으니 이는 자기를 창조하신 자의 형상을 좇아 지식에까지 새롭게 하심을 받는 자니라"
_ 골 3:9-10

Chapter 29

남편의 믿음

남편이 의심할 때가 있는가? 만일 그렇다면, 그의 믿음이 늘 성장하게 해주시라고 하는 당신의 기도는 그의 삶에 큰 능력을 발휘할 것이다. 하나님에 대한 믿음을 통해 극복될 수 없는 것은 아무것도 없다.

누군가가 자기는 아무것도 믿지 않는다고 말할 때면 으레 나는 미소를 짓는다. 그 말이 사실이 아님을 알고 있기 때문이다. 누구나 어느 정도 믿음을 갖고 살아간다. 의사를 찾아갈 때는 그의 진단을 신뢰하는 믿음이 필요하다. 약국에서 처방약을 조제할 때는 적절한 약을 받을 거라는 믿음을 갖는다. 레스토랑에서 식사할 때는 종업원들이 음식에 더러운 것이나 독을 넣지 않았다고 믿는다. 매일의 삶이 곧 갖가지 믿음을 동반하는 것이다. 모든 사람은 무엇인가를 믿는다.

우리는 무엇을 믿을 것인지 선택한다. 자신을 믿는 사람들도 있고, 정부, 악, 과학, 신문, 힘든 노동, 다른 사람들을 믿는 사람들도 있으며, 어떤 이들은 하나님을 믿는다.

아무것도 믿지 않는 사람을 단 한 명 보았는데, 그는 정신병원에서 생을 마감했다. 아무것도 믿지 않음으로 인해 미쳐 버린 것이다. 우리는 믿음 없이 살아갈 수가 없다.

또한 우리는 믿음 없이 죽을 수도 없다. 믿음은 이생을 하직한 후 자신에게 일어날 일을 결정해 준다. 예수님을 믿는다면 자신의 영원한 미래가 안전하다는 것을 알 것이다. "예수를 죽은 자 가운데서 살리신 이의 영이……너희 안에 거하시는 그의 영으로 말미암아 너희 죽을 몸도"롬 8:11 살리실 것이기 때문이다. 다시 말해서, 예수님을 죽은 자 가운데서 살리신 이의 영이 당신 안에 거하시면 그분은 당신도 다시 살리실 것이다.

죽을 때 어떤 일이 일어날 것인가에 대한 확신은 현재 삶에도 큰 영향을 미칠 것이다. 영원한 미래에 대한 확신은 현재의 삶 역시 확신을 가지고 살아가게 하는 비전을 준다.

소경들을 치유하시면서 예수님은 "너희 믿음대로 되라"마 9:29고 말씀하셨다. 이 말씀은 하나님에 대한 우리의 신뢰 수준을 재고하게 만든다. 이는 곧 우리가 어느 정도는 자신의 삶을 제어하고 장래를 결정할 수 있음을 의미한다. 자신의 삶을 우연에 내맡기거나 매순간 바람 부는 대로 휘날리도록 방치할 필요는 없다. 믿음이 장래의 결과를 결정하는 데 도움을 줄 것이다.

누구나 의심할 때가 있다. 심지어 예수님도 어찌하여 하나님이 자신을 버리셨는지 의아해 하셨다. 그것은 자신을 구해 주실 하나님의 능력이나 그분의 존재를 의심한 것이 아니라 다만 버림받는 느낌을 예상

하지 않으셨다는 뜻이다.

우리는 하나님의 존재에 대해서나 우리를 구원하실 수 있는지의 여부에 대해서는 의심하지 않지만, 때로 그분이 우리 삶에 즉시 개입하실지에 대해서는 의심하는 경우가 있다. '그분은 너무 바쁘셔서 내 문제까지 신경 쓰시지는 못할 거야.'라고 생각한다. 하지만 사실은 그렇지 않다.

남편이 의심할 때가 있는가? 만일 그렇다면, 그의 믿음이 늘 성장하게 해주시라는 당신의 기도가 그의 삶에 큰 능력을 발휘할 것이다. 설령 그가 주님을 모른다고 해도, 여전히 당신은 그의 마음속에 믿음이 생기게 해주시라고 기도해야 한다. 당신 남편의 삶에서 하나님에 대한 믿음을 통해 극복될 수 없는 것은 아무것도 없다.

예수님은 자신을 믿는 자는 누구든지 "그 배에서 생수의 강이 흘러나리라" 요 7:38고 하셨다. 인생의 고통, 염려, 두려움, 슬픔, 무관심, 절망, 실패, 의심을 깨끗이 씻어 줄 수 있는 것은 오직 그것뿐이다.

"너희가 만일 믿음이 한 겨자씨만큼만 있으면 이 산을 명하여 여기서 저기로 옮기라 하여도 옮길 것이요 또 너희가 못할 것이 없으리라" _마 17:20

"믿음으로 좇아 하지 아니하는 모든 것이 죄니라" _롬 14:23

Chapter 30

남편의 미래

남편이 매일 세세한 삶의 문제들에만 집중한 채 장래의 비전을 상실하고 있다면, 당신의 기도가 그의 비전을 회복시킬 수 있다. 당신의 기도는 그가 하나님이 자신의 미래이며 자신은 그 미래를 위해 달음질해야 한다는 것을 깨닫게 도와줄 수 있다.

미래에 대한 비전 없이 살 수 있는 사람은 아무도 없다. 비전이 없다면 목적도 없이 허우적거릴 것이다. 비전이 없으면 삶이 무의미하고 우리는 날마다 조금씩 죽어 간다.

비전이 없으면 백성이 멸망하거니와 KJV, 잠 29:18

비전을 갖는다고 해서 장차 일어날 특정한 일들을 반드시 알게 되는 것은 아니다. 단지 당신이 나아가는 전반적인 방향을 자각하고 무엇인가 좋은 일이 기다리고 있다는 소망을 갖게 된다. 당신에게 밝은 미래와 목적이 있음을 아는 것이다.

모든 사람이 그런 확신을 갖고 있는 것은 아니다. 그런 확신이 없는 사람의 삶은 탈진되어 간다. 심지어 그런 확신을 가진 사람들조차도 항상 확신을 가지고 있는 것은 아니다.

가장 영적인 사람조차도 지치고, 탈진하며, 낙심하고, 하나님께로부터 멀어지며, 자신이 누구인지 그리고 왜 이곳에 있는지 혼란을 느끼며, 장래에 대한 비전을 상실할 수 있다. 그도 잘못된 목적 의식을 가질 수 있고, 그 때문에 좌절할 수 있다. 만일 그가 꿈을 상실하고 자신과 자신이 처한 상황에 관한 진실을 망각한다면, 그는 자신의 미래와 관련해 파괴적이고 거짓된 생각을 갖게 될 수도 있다.

"내 백성이 지식이 없으므로 망하는도다"호 4:6.

하나님은 거짓말하는 자들의 음성에 귀를 기울이지 말라고 말씀하신다. "그들의 말한 묵시는 자기 마음으로 말미암은 것이요 여호와의 입에서 나온 것이" 아니기 때문이다렘 23:16. 실패로 가득하고 소망이 없는 비전은 하나님께로서 말미암은 것이 아니다렘 29:11.

그러나 하나님은 상실된 비전을 회복시키실 수 있다. 그분은 낙심케 하는 거짓말을 그분의 진리로 제어하실 수 있다. 약속 있는 장래에 대한 확신을 불어넣으실 수 있다. 그분은 기도라는 방편을 통해 그렇게 하신다.

남편은 내 기도가 가장 큰 힘이 된 경우 중 하나는 로스 앤젤레스에서 내쉬빌로 이주했을 때라고 했다. 사랑하는 사람들을 떠나 새로 시작하는 일은 우리 가족 모두에게 무척이나 힘들었다. 믿음의 큰 걸음을 내딛긴 했지만 힘든 변화였고 많은 위기가 닥쳐 왔다. 장차 어떻게 될지 알 수 없었지만 우리는 하나님의 인도하심을 따르고 있다는 확신속에 나아갔다. 우리 삶이 그분의 손 안에서 안전하다고 믿었다.

그 기간 중에 나는 마이클이 하나님께서 주신 장래의 비전을 잃지 않도록 기도했다. 그는 주변 상황이 자신의 영적 시각을 일시적으로 흐리게 만들었을 때 내 기도가 그것을 회복하는 데 큰 도움이 되었다고 했다.

우리는 하나님이 유언장을 작성해 두셨음을 기억해야 한다. 그분의 재산은 자녀들에게 똑같이 분배된다. 그분의 모든 소유를 우리가 얻을 것이다. 우리는 "하나님의 후사요 그리스도와 함께한 후사" 롬 8:17이다.

내게 주어진 유언장의 복사본을 읽어 보았다. 유언장에는 우리를 위한 하나님의 모든 계획을 우리로서는 알 수가 없다고 기록되어 있다. 그분이 우리를 위해 예비하신 축복은 우리의 상상을 넘어선 것이기 때문이다.

"하나님이 자기를 사랑하는 자들을 위하여 예비하신 모든 것은 눈으로 보지 못하고 귀로도 듣지 못하고 사람의 마음으로도 생각지 못한" 것이다 고전 2:9.

또한 유언장에는 우리가 이생에서 필요한 모든 것을 얻을 뿐만 아니라 가장 중요한 몫을 사후에 얻게 될 것이라고 기록되어 있다. 그때에는 우리가 그분과 함께 있을 것이고 더 이상 아무것도 원치 않을 것이다.

남편이 매일 세세한 삶의 문제들에만 집중한 채 장래의 비전을 상실

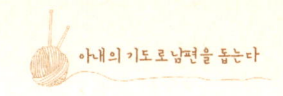

하고 있다면, 당신의 기도가 그의 비전을 회복시킬 수 있다. 당신의 기도는 그가 하나님이 자신의 미래이며 자신은 그 미래를 위해 달음질해야 한다는 것을 깨닫게 도와줄 수 있다.

> 운동장에서 달음질하는 자들이 다 달아날지라도 오직 상 얻는 자는 하나인 줄을 너희가 알지 못하느냐 너희도 얻도록 이와 같이 달음질하라
> 고전 9:24

당신은 남편이 비전을 말하면서도 상을 잃고 마는 사람이 되기를 원치 않을 것이다. 그가 하나님의 관점에서 볼 수 있기를 원할 것이다.

하나님은 우리가 미래를 알기를 원하시는 것이 아니라 그분을 알기를 원하신다. 하나님은 우리가 우리를 한 걸음씩 미래로 인도하시는 그분을 신뢰하기를 원하신다. 하나님의 인도하심을 깨닫기 위해서는 매걸음마다 그분을 찾아야 한다.

> 여호와를 찾는 자는 모든 것을 깨닫느니라 잠 28:5

또한 우리는 그분의 대답을 듣기에 충분할 정도로 그분을 가까이해야 한다. 여호와는 비전을 주시는 분이다. 남편이 비전을 얻기 위해

그분을 앙망하도록 기도하라. 하나님과 함께하면 그의 미래는 안전하다.

"완전한 사람을 살피고 정직한 자를 볼지어다 화평한 자의 결국은 평안이로다 범죄자들은 함께 멸망하리니 악인의 결국은 끊어질 것이나" _ 시 37:37-38

"여호와의 집에 심겼음이여 우리 하나님의 궁정에서 흥왕하리로다 늙어도 결실하며 진액이 풍족하고 빛이 청청하여 여호와의 정직하심을 나타내리로다 여호와는 나의 바위시라 그에게는 불의가 없도다" _ 시 92:13-15

"나 여호와가 말하노라 너의 최후에 소망이 있을 것이라" _ 렘 31:17

생명의말씀사

사 | 명 | 선 | 언 | 문

너희가 흠이 없고 순전하여……세상에서 그들 가운데 빛들로
나타내며 생명의 말씀을 밝혀 (빌 2:15-16)

1. 생명을 담겠습니다.
만드는 책에 주님 주신 생명을 담겠습니다.
그 책으로 복음을 선포하겠습니다.

2. 말씀을 밝히겠습니다.
생명의 근본은 말씀입니다.
말씀을 밝혀 성도와 교회의 성장을 돕겠습니다.

3. 빛이 되겠습니다.
시대와 영혼의 어두움을 밝혀 주님 앞으로 이끄는
빛이 되는 책을 만들겠습니다.

4. 순전히 행하겠습니다.
책을 만들고 전하는 일과 경영하는 일에 부끄러움이 없는
정직함으로 행하겠습니다.

5. 끝까지 전파하겠습니다.
모든 사람에게, 땅 끝까지, 주님 오시는 그날까지
복음을 전하는 사명을 다하겠습니다.

생명의말씀사 서점안내

광화문점 110-061 종로구 신문로 1가 58-1 구세군 회관 2층
TEL. (02) 737-2288 / FAX. (02) 737-4623

강 남 점 137-909 서초구 잠원동 75-19 반포쇼핑타운 3동 2층 전관
TEL. (02) 595-1211 / FAX. (02) 595-3549

구 로 점 152-880 구로구 구로 3동 1123-1 3층
TEL. (02) 858-8744 / FAX. (02) 838-0653

노 원 점 139-200 노원구 상계동 749-4 삼봉빌딩 지하1층
TEL. (02) 938-7979 / FAX. (02) 3391-6169

분 당 점 463-824 경기도 성남시 분당구 서현동 273-1 대현빌딩 3층
TEL. (031) 707-5566 / FAX. (031) 707-4999

신 촌 점 121-806 마포구 노고산동 107-1 동인빌딩 8층
TEL. (02) 702-1411 / FAX. (02) 702-1131

일 산 점 411-370 경기도 고양시 일산구 주엽동 83번지 레이크타운 지하1층
TEL. (031) 916-8787 / FAX. (031) 916-8788

의정부점 484-010 경기도 의정부시 금오동 470-4 성산타워 3층
TEL. (031) 845-0600 / FAX. (031) 852-6930

인터넷서점

http://www.lifebook.co.kr